FinTech
发展模式与监管机制：
国际趋势及对上海的借鉴

FinTech Development Model and Supervision Mechanism:
International Trend and Reference to Shanghai

郑育家◎著

图书在版编目（CIP）数据

FinTech 发展模式与监管机制：国际趋势及对上海的借鉴/郑育家著 . —北京：经济管理出版社，2019.9

ISBN 978－7－5096－6852－8

Ⅰ.①F… Ⅱ.①郑… Ⅲ.①金融—科学技术—发展模式—研究②金融—科学技术—监管机制—研究 Ⅳ.①F830

中国版本图书馆 CIP 数据核字（2019）第 171698 号

组稿编辑：胡　茜
责任编辑：赵亚荣
责任印制：梁植睿
责任校对：王淑卿

出版发行：经济管理出版社
　　　　　（北京市海淀区北蜂窝 8 号中雅大厦 A 座 11 层　100038）
网　　址：www.E－mp.com.cn
电　　话：（010）51915602
印　　刷：三河市延风印装有限公司
经　　销：新华书店
开　　本：720mm×1000mm/16
印　　张：8
字　　数：104 千字
版　　次：2019 年 9 月第 1 版　2019 年 9 月第 1 次印刷
书　　号：ISBN 978－7－5096－6852－8
定　　价：49.00 元

·版权所有　翻印必究·
凡购本社图书，如有印装错误，由本社读者服务部负责调换。
联系地址：北京阜外月坛北小街 2 号
电话：（010）68022974　　邮编：100836

前 言

自2015年以来,在经历了金融电子化和互联网金融两个发展阶段之后,金融领域迎来了一次重要的变革,科技手段开始与传统金融业务深度结合,被称为金融科技(FinTech)时代。大数据、云计算、人工智能、区块链等最新互联网技术(IT),开始改变传统金融业的信息采集模式、风险定价模式、投资决策模式等,大幅提升传统金融的效率,降低金融运行成本。传统金融服务最核心的关键模式将被颠覆,传统的金融企业也将受到来自科技企业的重要挑战。发达国家寄希望于通过金融科技进一步巩固其国际金融中心的地位,保持其竞争优势;发展中国家则寄希望于通过金融科技实现弯道超车,提早实现经济增长目标。

全球金融科技的发展状况是怎样的?先进国家是如何布局金融科技及如何对金融科技进行监管的?中国发展金融科技有哪些优势和劣势?如何推进我国金融科技发展并有效地防范可能发生的风险?带着这些问题,我们查阅了英国、美国、新加坡、澳大利亚、中国香港等国家和地区所制定的金融科技发展战略,同时在2018年5~12月对我国京津冀、长江三角洲(以下简称长三角)、珠江三角洲(以下简称珠三角)三大城市群的政府和企业进行了深入的调研。采用访谈和问卷调查等形式对政策制定者、监管者和金融科技企业进行了调研,对我国发展金融科技的思路、发展状况、存在的问题进行了分析，并对上海市创建全球领先的金融科技中心的必要性和可行性进行了论证，提出了若干条建议。

深入理解金融科技生态系统的属性和发展规律至关重要。研究显示，一个国家或地区金融科技领域优势的建立通常与信息技术企业的创新力度、市场的开放程度，以及政府的政策等息息相关。发达国家推动金融科技发展既有以英国和新加坡为代表的"政府推动"模式，也有以美国为代表的"市场主导"模式；在监管思路上既有英国的"沙盒监管"模式，也有美国的"功能监管"模式。这些经验对我国发展金融科技具有宝贵的借鉴意义。

对上海而言，当务之急是要让政府决策层认识到发展金融科技对上海的机遇，然后是做好顶层设计，具体而言，报告认为要做好八个方面的工作：优化顶层设计；助力新兴金融科技公司成长；促进传统金融机构转型发展；鼓励金融科技底层技术研发和培养高端人才；借力监管科技提高监管效率；推行普惠金融；完善金融科技生态系统；推动区域和国际合作。

本书内容为上海市科委软科学项目的研究成果，作者感谢上海市科委软科学项目的资助以及上海交通大学的出版资助。

目 录

第一章 FinTech 发展：从 1.0 到 3.0 …………………………… 1

  第一节 FinTech 的含义 ………………………………………… 1

  第二节 FinTech 的发展历程 …………………………………… 2

第二章 FinTech 的主要技术手段及商业模式 ………………… 5

  第一节 FinTech 的主要技术手段 ……………………………… 5

    一、大数据 …………………………………………………… 5

    二、云计算 …………………………………………………… 8

    三、人工智能 ………………………………………………… 9

    四、区块链 …………………………………………………… 11

  第二节 FinTech 的主要商业模式 ……………………………… 13

第三章 主要发达国家 FinTech 发展状况及经验借鉴 ………… 15

  第一节 全球 FinTech 发展状况 ………………………………… 15

  第二节 英国 ……………………………………………………… 17

    一、FinTech 发展状况：伦敦居于全球 FinTech

        中心首位 ………………………………………………… 17

二、主要 FinTech 企业 …………………………………… 18
　　三、案例：金融科技创企黑马 Revolut ………………… 20
　　四、关于 RegTech ………………………………………… 22
第三节　美国 FinTech 发展情况 …………………………… 24
　　一、主要 FinTech 企业 …………………………………… 24
　　二、政府的作用：推动 FinTech 和 RegTech …………… 29
第四节　新加坡 ……………………………………………… 32
　　一、FinTech 发展状况 …………………………………… 32
　　二、主要 FinTech 企业 …………………………………… 33
　　三、案例：互联网证券新模式 TradeHero ……………… 35
　　四、关于 RegTech ………………………………………… 38
第五节　经验与借鉴 ………………………………………… 39
　　一、政府推动力 …………………………………………… 39
　　二、运用监管科技 ………………………………………… 40

第四章　中国 FinTech 总体发展状况 …………………………… 43

第一节　投融资情况 ………………………………………… 43
第二节　总体特征 …………………………………………… 45
第三节　主要 FinTech 企业 ………………………………… 49

第五章　中国主要 FinTech 领域发展状况及趋势 ……………… 55

第一节　网络支付 …………………………………………… 55
　　一、总体情况 ……………………………………………… 55
　　二、第三方支付公司发展及监管 ………………………… 56
第二节　消费金融与网络借贷 ……………………………… 58
　　一、总体发展情况 ………………………………………… 58
　　二、传统发展模式及利弊 ………………………………… 60

三、消费金融行业2.0：持牌时代 …………………… 61

　第三节　开放银行 …………………………………………… 65

　第四节　保险科技 …………………………………………… 68

　　一、保险科技行业融资状况 ………………………………… 68

　　二、保险科技行业发展的新特征 …………………………… 70

　第五节　"双创"与金融科技 ……………………………… 71

第六章　上海建设全球FinTech中心的必要性和可行性 …… 85

　第一节　上海FinTech发展总体状况 ……………………… 85

　第二节　上海主要的FinTech企业 ………………………… 86

　第三节　上海FinTech发展的优势和短板 ………………… 88

　　一、优势 ……………………………………………………… 88

　　二、短板 ……………………………………………………… 96

　第四节　上海建设全球领先的FinTech中心的可行性 …… 99

　　一、中国已经成为国际公认的FinTech中心 ……………… 99

　　二、上海是多种国家战略的承载者 ………………………… 100

　　三、成为全球FinTech中心有助于发挥金融中心和
　　　　科创中心的协同作用 …………………………………… 101

第七章　对上海建设全球FinTech中心的政策建议 ………… 103

　第一节　优化顶层设计 ……………………………………… 104

　　一、设立金融科技创新处及金融科技创新
　　　　专家委员会 ……………………………………………… 104

　　二、针对人工智能、大数据、区块链制定具体的
　　　　发展路线 ………………………………………………… 105

　第二节　助力新兴金融科技公司成长 ……………………… 105

　　一、推动创立专业化的金融科技孵化器、加速器 ………… 105

二、打造金融科技公司赋能平台 …………………………… 106
第三节　鼓励金融科技底层技术研发，培养高端人才 ……… 107
第四节　着力抓好四大领域 …………………………………… 108
第五节　借力监管科技，提高监管效率 ……………………… 109
　　一、探索实施沙盒式监管和穿透式监管 …………………… 109
　　二、借监管科技之力，强化金融监管 ……………………… 110
　　三、探索推动中央监管授权或中央监管机构
　　　　派驻上海 …………………………………………………… 111
第六节　推行普惠金融 ………………………………………… 112
　　一、确保所有民众共享金融科技带来的便利 ……………… 112
　　二、运用金融新科技推进跨境结算发展 …………………… 113
第七节　完善金融科技生态系统 ……………………………… 113
　　一、推行"开放银行"计划，制定统一的API标准 ……… 113
　　二、智能披露政府数据，确保数据安全 …………………… 114
　　三、建立金融科技生态指标监测系统 ……………………… 115
第八节　推动区域和国际合作 ………………………………… 115
　　一、推动形成沪苏杭FinTech创新生态圈 ………………… 115
　　二、举办"世界金融科技大会"，搭建国际合作
　　　　"金融科技桥" …………………………………………… 116

参考文献 ……………………………………………………… 119

第一章 FinTech 发展：从 1.0 到 3.0

第一节 FinTech 的含义

作为全球金融治理的核心机构，金融稳定理事会（Financial Stability Board，FSB）于 2016 年 3 月首次发布了关于金融科技的专题报告，对"金融科技"进行了定义，即金融科技是指技术带来的金融创新，它能创造新的业务模式、应用、流程或产品，从而对金融市场、金融机构或金融服务的提供方式产生重大影响。金融科技将互联网、移动通信、大数据和人工智能等技术作为服务金融业的重要手段，新兴的金融科技企业对传统的金融机构形成了较大的冲击。国际证监会组织（International Organization of Securities Commissions，IOSCO）的定义是：金融科技是指有潜力改变金融服务行业的各种创新的商业模式和新兴技术。

从上述定义可以发现，金融科技和科技金融的含义是不同的。科技金融的重点是金融，是指金融如何高效率地服务科技创新企业，以促进各种技术创新；金融科技重点强调的是科技，如大数据、云计算、区块链、人工智能等技术，这些技术将会颠覆传统的金融模式，或者和传统的金融业务相融合，极大地提高金融业的效率，形成新的金融服务模式。

FinTech 与互联网金融也有区别，互联网金融可以认为是金融科技发展的一个中间阶段。互联网金融主要是借助互联网来提供传统的金融服务，即将传统的金融服务搬到了互联网上，而金融科技对于包括互联网在内的新兴技术要求更高，是通过技术创新实现了金融业务的创新，形成了新的金融业务模式。

金融科技创新正在推动中国金融行业整体服务水平不断提升，而且，金融科技创新的发展有力地推动了各类型金融机构与金融科技创新创业企业之间的交流、合作与融合。在这一过程中，资本的参与也加速了科技与创新资源的优化和配置，已经形成的金融科技创新大生态正在蓬勃发展。从发展过程来看，金融科技的发展经历了 FinTech 1.0 阶段、FinTech 2.0 阶段，目前正在进入 FinTech 3.0 阶段。

第二节　FinTech 的发展历程

金融科技的萌芽期或 FinTech 1.0 时代一般是指 2000 年之前，这一时期的特征是金融电子化。金融企业一般会在内部设立 IT 部门，通过传统的 IT 软硬件来实现办公和业务的电子化，提高金融服务效率。但在这一时期，IT 部门一般只是金融企业的附属部门，并不参与金融公司的业务环节。IT 部门主要包括银行内部的核心交易系统、信贷系统、清算系统，以及对客户服务的 ATM、POS 机等。

FinTech 2.0 时代也可以称为互联网金融时代，一般是指 2000~

2010年。随着移动支付业务的出现,各种移动应用类钱包、移动信用卡被投入使用。2003年,第一家互联网众筹公司AritstShare在美国成立,同年,American Banker公布全球FinTech 100强,"FinTech"开始受到关注。2005年,美国开始出现智能理财网站,英国开始诞生P2P商业模式。智能手机的问世加速了互联网金融的发展,第三方支付、P2P网络借贷、互联网众筹、互联网保险等模式不断涌现,一些科技企业借助于网络可以独立地开展业务,形成了带有金融属性的科技公司。

从2011年至今,可以被称为FinTech 3.0时代,显著特点是以大数据、人工智能和区块链等为代表的前沿技术对传统金融模式产生了颠覆性的影响,在支付、借贷、证券交易和发行、保险、资管、风险与征信等各个领域建立新的模式,重塑金融生态圈。2011年,美国硅谷和英国伦敦等地的互联网技术公司开始将大数据、人工智能等各种前沿技术应用到包括银行、证券、保险、资产管理等各个金融领域;2015年,美国纳斯达克交易所发布了全球首个区块链平台LINQ;2016年,巴克莱银行完成了全球首个基于区块链技术的交易。2015年之后,发达国家开始加速布局金融科技领域。

在FinTech 3.0时代,科技企业和金融企业之间的关系也发生了相对变化。科技企业的影响越来越大,通过大数据、云计算、人工智能、区块链等最新信息技术,改变传统金融业的信息采集模式、风险定价模式、投资决策模式等,大幅提升传统金融的效率,降低金融运行成本。传统金融服务最核心的关键模式将被颠覆,传统的金融企业也受到来自科技企业的重要挑战。传统金融企业应对挑战的方法之一是拥抱新技术,否则就可能在竞争中被淘汰。图1-1所示为金融科技生态圈组织结构。

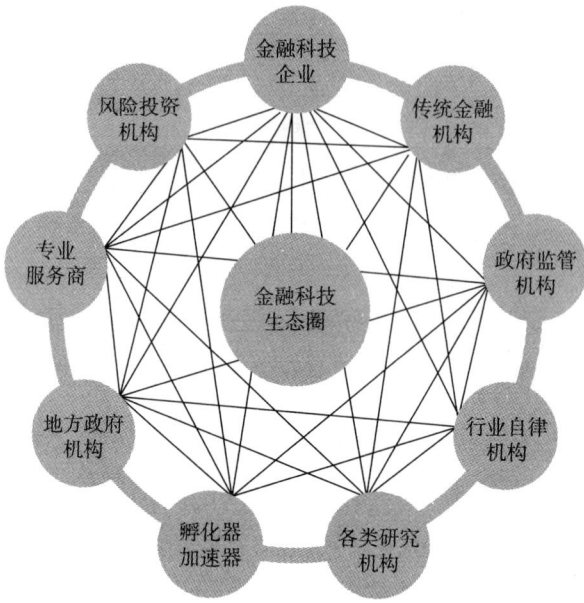

图1-1 金融科技生态圈组织结构

第二章 FinTech 的主要技术手段及商业模式

第一节 FinTech 的主要技术手段

一、大数据

随着互联网的发展,人类活动每天产生的数据呈几何级数增长,人们称之为大数据。这些数据里面有很多可以被人们利用的重要规律,如何发现这些规律便成为一项重要的商机和学问,对大数据的开发利用和安全保护正日益受到企业和政府的重视,越来越多的国家意识到,大数据是国家基础性战略资源,正日益对全球生产、流通、分配、消费活动及经济运行机制、社会生活方式和国家治理能力产生重要影响。正是在这样的背景下,国务院于2015年出台了《促进大数据发展行动纲要》(以下简称《纲要》),《纲要》充分强调了大数据的重要性,认为大数据正在"成为推动经济转型发展的新动力""重塑国家竞争优势的新机遇""提升政府治理能力的新途径"。《纲要》明确提出了发展大数据的总体目标是将大数据作为提升政府治理能力的重要手段,提升政府决策和风险防范水平；提高社会治理的精准性和有效性，增强乡村社会治理能力；助力简政放权，推动商事制度改革；有效调动社会力量参与社会治理的积极性。

我国在大数据发展上面临的主要问题和任务包括以下几个方面：一是政府数据如何开放和共享问题。因为制度和历史的原因，我国大量的数据都掌握在各级政府手中，各地方、各层级及各部门的政府所掌握的数据并不能相互共享，甚至不能相互认可。前几年出现的"证明我妈是我妈"的事件说明了我国政府的大数据治理已经远远落后于现实的需求，亟须进行系统性改革。系统性改革应该包括加强顶层设计和统筹规划，明确各部门数据共享的范围边界和使用方式，厘清各部门数据管理及共享的义务和权利，建立政府数据统一共享交换平台，最终实现能够在安全可控的条件下进行大数据的高速传递的目标。试想一下，如果我们实现了包括农业、工业、交通、金融、教育、文化、医疗、卫生、就业、科技、社保、信用、资源、环境、安监、质量等各个领域的大数据的安全、高效传输和共享，将标志着我国进入一个高度智能化的社会，企业的生产效率和人们的生活将得到很大改善。二是随着互联网的发展，应规范和保护涉及企业和个人的大数据的运用和开发，为企业发展大数据分析技术提供合法、有效、可行的制度环境，要让大数据分析企业清楚地知道哪些大数据技术是合法的，哪些是非法的。在实践中要注重对现有数据中心及服务器资源的改造和利用，以企业为主体，建设一批绿色环保、低成本、高效率、基于云计算的大数据基础设施和区域性、行业性数据汇聚平台。三是注重大数据的运用，即将大数据技术运用到各行各业中以提高社会生产效率，完善大数据产业链。例如，可以建设一批大数据工程，如农业大数据工程、工业大数据工程、服务业大数据工程、金融业大数据工程、科技行业大数据工程、电子商务大数据工程、双创大数据工程等，这些大数据工程的建设将极大地提高我国大数据产业发展水平，极大地提高全社会劳动生产率,创造社会经济的新增长点。四是大数据产业的安全保护问题。大数据是一把"双刃剑",既可以极大地提高社会生产效率,也可能因为大数据泄露而对社会造成极大伤害。因此,政府应当加强大数据环境下的网络安全问题研究和基于大数据的网络安全技术研究,制定一整套信息安全等级保护、风险评估等大数据安全制度,建立健全大数据安全保障体系。政府也应该探索完善安全保密管理规范措施,积极利用人工智能和监管科技来提高大数据时代的数据安全。中国信息通信研究院安全研究所的研究报告《大数据安全白皮书(2018年)》将大数据安全技术体系自下而上分为大数据平台安全、数据安全和个人隐私保护三个层次,自下而上为依次承载的关系。大数据平台不仅要保障自身基础组件安全,还要为运行其上的数据和应用提供安全机制保障;除平台安全保障外,数据安全防护技术为业务应用中的数据流动过程提供安全防护手段;隐私安全保护是在数据安全基础之上对个人敏感信息的安全防护(见图2-1)。

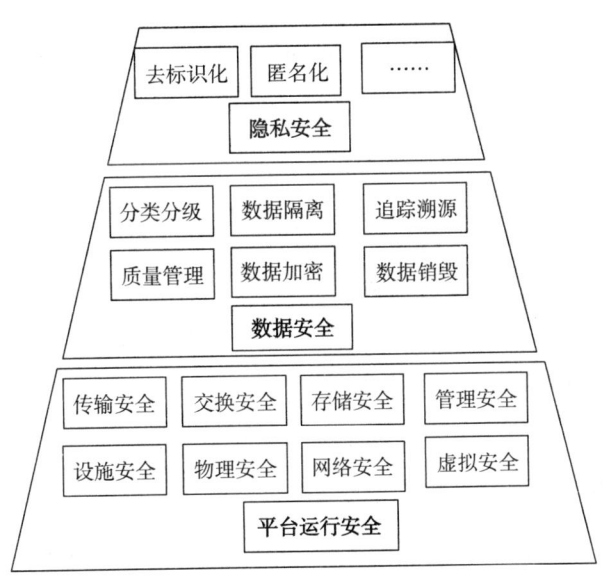

图2-1 大数据安全技术体系

资料来源:中国信息通信研究院安全研究所《大数据安全白皮书(2018年)》。

二、云计算

云计算是通过互联网为企业提供包括计算、数据库存储、运行应用程序等在内的一整套计算机服务。企业无须先期投入巨资购买硬件和软件来自己搭建服务器，当然也无须花大量时间来维护和管理这些硬件，从而大大节省了成本，增强了企业的灵活性。云计算通常采用按使用量付费的定价模式，即企业只需为所使用的资源付费，不使用的资源不用付费，从而减少了资源浪费，对于初创企业来说优势非常明显。除了节省成本这一优点之外，云计算还具有反应快、可扩展、免维护等优势，可以在几分钟之内在全球范围部署成千上万台服务器，可以让企业专心开发有特色、有差异的应用程序，而且可以随时根据需要对所需要的云计算模块进行扩展。这些优点使云计算被越来越多的企业所接受，早在2012年的亚马逊云服务总结大会（Amazon Web Service Summit 2012）上，亚马逊负责产品市场的副总裁Adam Selipsky展望云计算前景时就曾预言，在20年内，云计算将会取代绝大多数的企业数据中心，企业自行拥有或运营数据中心的时代将会结束。

全球主要的提供云计算服务的企业有亚马逊、微软、谷歌、IBM、阿里巴巴、惠普、VMware、Pivotal、Oracle及Salesforce等，随着云计算服务的逐步普及，早期开发云计算系统的企业也赚得盆满钵满。以亚马逊公司为例，根据其公布的数据，亚马逊AWS云服务2018年营收257亿美元，同比增长47%；利润同比增长69%至73.22亿美元；亚马逊AWS云计算业务利润占总利润117亿美元的62.5%。亚马逊的云计算服务几乎涵盖了企业所需要的各个方面，主要包括三个层次：IaaS（Infrastructure-as-a-Service，基础设施即服务）、PaaS（Platform-as-a-Service，平台即服务）、SaaS（Software-as-a-Service，软件即服务）。根据亚马逊的介绍，IaaS提供最高等级的灵活性和对IT资源的管理控制，其机制与现今众多IT部门和开发人员所熟悉的现有IT资源最为接近；PaaS 使企业可以将更多精力放在应用程序的部署和管理上，这有助于提高效率，企业不用操心资源购置、容量规划、软件维护、补丁安装或与应用程序运行有关的任何无差别的繁重工作；SaaS 让用户无须考虑底层基础设施的管理，而只需要考虑怎样使用 SaaS 软件，例如用户只需要收发邮件而不需要维护电子邮件程序运行所在的服务器和操作系统。亚马逊 AWS 云服务采用三种方式让用户选择适合自己的云计算方式，用户可以参考已有的案例、行业类型及组织类型来定制合适的云计算服务（见图 2-2）。

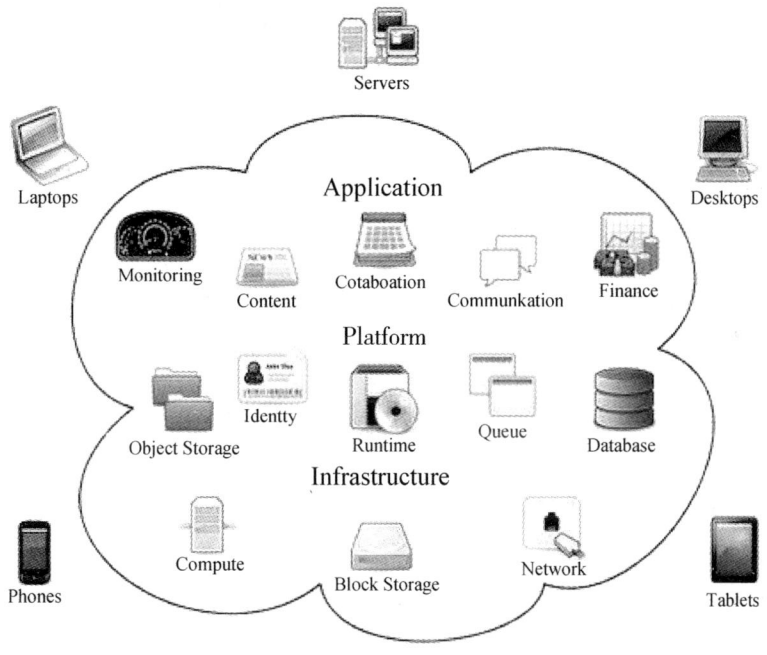

图 2-2　亚马逊云计算服务架构

资料来源：亚马逊网站。

三、人工智能

人工智能经历了 60 多年的演进，目前处于加速发展阶段，已经成为引领未来产业变革的核心技术,成为经济和社会发展的新引擎。世界主要发达国家把发展人工智能作为提升国家竞争力、维护国家安全的重大战略,各国正在加紧出台规划和政策,围绕核心技术、顶尖人才、标准规范等强化部署。正是在这样的大背景下,中华人民共和国国务院于2017年7月印发了《新一代人工智能发展规划》,就基础理论、关键共性技术、AI创新平台、人才和资金等方面进行了全方位的部署,提出了"三步走"战略:第一步是到2020年人工智能总体技术和应用与世界先进水平同步;第二步是到2025年人工智能基础理论实现重大突破,部分技术与应用达到世界领先水平;第三步是到2030年人工智能理论、技术与应用总体达到世界领先水平,成为世界主要人工智能创新中心,智能经济、智能社会取得明显成效,为跻身创新型国家前列和经济强国奠定重要基础。《新一代人工智能发展规划》明确提出,形成以新一代人工智能重大科技项目为核心、现有研发布局为支撑的"1+N"人工智能项目群。《新一代人工智能发展规划》的出台标志着人工智能正式成为我国的国家战略。

清华大学中国科技政策研究中心发布的《中国人工智能发展报告2018》系统归纳了人工智能的应用场景,分别从技术维度与产品和行业维度列举了人工智能对社会生活的改变,如表2-1所示。

表2-1 人工智能主要应用场景

	技术维度
语音	语音识别、语音合成、语音交流、语音评测、人机对话、声音识别
视觉	生物识别(人脸识别、虹膜识别、指纹识别、静脉识别等)、情感计算、情绪识别、表情识别、行为识别、手势识别、人体识别、视频内容识别、物体和场景识别、移动视觉、OCR、手写识别、文字识别、图像处理、图像识别、模式识别、SLAM、空间识别、三维扫描、三维重建等

续表

技术维度	
自然语言处理	自然语言交互、自然语言理解、语义理解、机器翻译、文本挖掘（语义分析、语义计算、分类、聚类）、信息提取、人机交互
基础算法及平台	机器学习、深度学习、开源框架、开放平台
基础硬件	芯片、激光雷达、传感器等
基础支撑技术	云计算、大数据
产品和行业维度	
智能机器人（含解决方案）	工业机器人（侧重生产过程，如搬运、焊接、装配、码操、喷涂等）、行业服务机器人（应用于银行、餐厅、酒店、商场、展厅、医院、物流）、个人/家用机器人［虚拟助理、情感陪伴机器人、儿童机器人、教育机器人、家庭作业机器人（扫地、擦窗等）、家用安防机器人、车载机器人］
智能驾驶（含解决方案）	智能驾驶、无人驾驶、自动驾驶、辅助驾驶、高级驾驶辅助系统（ADAS）、激光雷达、超声波雷达、毫米波雷达、GPS定位、高精度地图、车载芯片、人享交互等
无人机（含解决方案）	消费级无人机（娱乐、航拍）、工业无人机（农林、电力、物流、安防等领域）
AI +	金融、保险、司法政务、文娱（社交、游戏）、旅游、医疗健康、教育、物流仓储、智能家居、智慧城市（交通、电力、环境）、网络安全、安防、商业（营销、零售、广告）、人力资源、企业服务

资料来源：清华大学中国科技政策研究中心发布的《中国人工智能发展报告2018》。

四、区块链

"区块链"的概念首次出现在2008年末中本聪（Satoshi Nakamoto）发表的论文 *Bitcoin：A Peer-to-Peer Electronic Cash System* 中。在该文中，中本聪将区块链技术应用到构建比特币交易系统上来。从广义上讲，区块链是一套包含数据存储、加密、传输和认证在内的完整技术，比特币交易系统只是区块链的众多应用场景之一。从本质上来讲，区块链是一种采用分布式链条来实现数据共享的数据库，去中心化是区块链的重要特征，链条上的各个节点通过使用密码学方法产生相互关联的数据块，每个数据块中都包含一定时期内的全部信息交流数据，这又保证了数据的安全性。去中心化大大降低了数据的交换成本，可以很好地应用到银行、证券等传统金融领域。区块链的特点还包括数据不可篡改、数据分布式存储、脚本可编程等，数据不可篡改使区块链技术可以应用于数据追踪，在食品安全领域有很大的应用前景。

除了数字货币之外，区块链的主要应用领域还包括支付与结算、供应链金融、证券发行及交易、征信与反欺诈、金融科技监管等。从技术原理层面来讲，区块链技术框架的设计从底层到顶层由网络通信层、数据存储层、数据安全层、共识机制层、应用层五部分组成。2016年国务院发布的《"十三五"国家信息化规划》中强调了"加快区块链等新技术基础研发和前沿布局"。李淼（2017）将区块链技术框架总结为如图2-3所示。

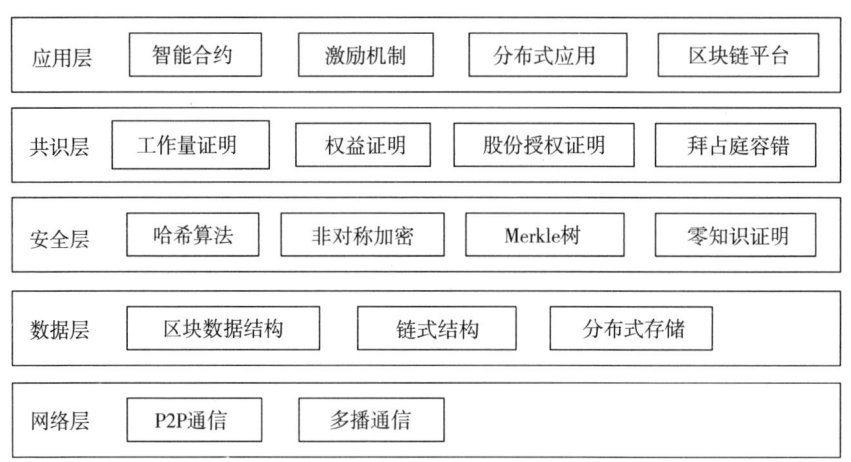

图2-3 区块链技术架构

第二章　FinTech 的主要技术手段及商业模式

第二节　FinTech 的主要商业模式

根据目前金融科技行业的发展情况，我们将 FinTech 的主要模式概括为以下八个方面，即移动支付、互联网银行、互联网证券、互联网保险、P2P 网络借贷、互联网众筹、智能投顾，以及征信。表 2-2 总结了这些细分领域里的代表性金融科技公司。

表 2-2　FinTech 的主要商业模式

FinTech 模式	国外			国内	
	企业名称	所属国家	成立年份	企业名称	成立年份
移动支付	PayPal	美国	1998	支付宝	2004
	Apple Pay	美国	2014	财付通	2005
	Square	美国	2009	银联商务	2002
互联网银行	SFNB	美国	1995	微众银行	2014
	Egg	英国	1998	网商银行	2015
	Atom Bank	英国	2014	新网银行	2016
互联网证券	E-Trade	美国	1991	富途证券	2012
	Overbond	加拿大	2015	福米科技	2016
	Robinhood	美国	2013	老虎证券	2014
互联网保险	Oscar	美国	2013	众安保险	2013
	Collective Health	美国	2013	慧择网	2006
	Anivo	瑞士	2015	安心财险	2015
P2P 网络借贷	Lending Club	美国	2006	趣店	2014
	Sofi	美国	2011	陆金所	2011
	Funding Circle	英国	2010	宜人贷	2012
互联网众筹	OurCrowd	以色列	2012	前海众筹	—
	Wealth Migrate	南非	2010	天使汇	—
	Crowdcube	英国	2011	众筹网	—

续表

FinTech 模式	国外			国内	
	企业名称	所属国家	成立年份	企业名称	成立年份
智能投顾	Wealthfront	美国	2008	PINTEC（品钛）	2012
	Motif Investing	美国	2010	通联数据	2013
	Betterment	美国	2008	挖财	2009
互联网征信	Zestfinance	美国	2009	斯睿德	2009
	Credit Karma	美国	2008	算话征信	2014
	Credit Kudos	英国	2015	天创信用	2015
监管科技	SecureKey Technologies	加拿大	2008	—	—
	Feedzai	葡萄牙	2009	—	—
	Ravelin	英国	2014	—	—

资料来源：根据公开的数据进行分类、整理得到。

我们将在第三章中对英国、新加坡和美国等国金融科技发展情况的研究中，列举它们的代表性金融科技企业进行案例研究。

第三章 主要发达国家 FinTech 发展状况及经验借鉴

第一节 全球 FinTech 发展状况

2017年4月,全球 FinTech 中心联盟(GFHF)与德勤公司联合发布了关于全球新兴 FinTech 中心的分析报告《连接全球 FinTech:2017年临时中心评估报告》,根据六类因素(监管、外国新创企业数量、与消费者的接近度、与专家的接近度、创新文化、政府支持)对44个不同的城市进行了详细分析,在2016年报告所涵盖的20个中心的基础上又增加了24个中心。

根据指数表现得分,伦敦和新加坡是成立和发展 FinTech 创业公司的最大中心。英国是首个把自己作为金融创新中心的地方。新加坡政府大力支持 FinTech 的发展,政府非常强调 FinTech 对其经济的重要性,投入了2.25亿新元用于 FinTech 项目开发,取得了非常好的效果,被德勤的上述报告称为"力争 FinTech 位列全球第一的认真竞争者"。我们通过将2017年的报告和2016年的报告进行对比,对全球前30名的 FinTech 中心进行了排名，如表 3-1 所示。

表 3-1 全球 FinTech 中心 Top 30

城市	2017 年排名	2016 年排名
伦敦	1	1
新加坡	2	2
纽约	3	3
硅谷	4	4
芝加哥	5	—
香港	6	5
苏黎世	7	7
悉尼	8	9
法兰克福	9	8
多伦多	10	10
斯德哥尔摩	11	—
东京	12	—
都柏林	13	12
台北	14	—
阿姆斯特丹	15	13
爱丁堡	16	—
巴黎	17	14
奥斯陆	18	—
卢森堡	19	15
阿布扎比	20	—
吉隆坡	21	—
华沙	22	—
特拉维夫	23	16
上海	24	11
里斯本	25	—
深圳	26	—
布拉格	27	—
布鲁塞尔	28	17
米兰	29	—
马德里	30	—

第二节 英 国

一、FinTech 发展状况：伦敦居于全球 FinTech 中心首位

多项报告和数据都表明，英国在 FinTech 领域处于全球领先地位。根据《连接全球 FinTech：2017 年临时中心评估报告》，伦敦一直居于全球 FinTech 中心第一位。另外，根据美国硅谷全球数据研究机构 PitchBook 编制的数据，2017 年伦敦科技类公司共吸引了 24.5 亿英镑的风险投资，占英国企业吸引投资总额（29.99 亿英镑）的 80%，居欧盟首位，超过了巴黎、柏林及其他七个排名其后欧盟城市的引资总和。其中，金融科技和人工智能是风险投资快速增长的主要领域，2017 年英国金融科技领域吸引的风险投资达到创纪录的 13.4 亿英镑，人工智能领域获得的风险投资则达 4.88 亿英镑，是 2016 年同期的两倍。

伦敦能够超越纽约而排在 FinTech 中心的首位，和英国政府的大力推动密切相关。早在 2015 年 7 月，英国前首相卡梅伦宣布支持一项由金融科技行业智库 Innovate Finance 提出的宣言，该宣言旨在让英国成为世界金融科技领域投资和就业主力军。该宣言提出了英国金融科技规划到 2020 年要实现的三个目标：①打造全球金融科技投资最友善的环境；②成为全球金融科技中心并诞生至少 25 家领先的金融科技公司；③新创造 10 万个金融科技领域工作岗位。

2017 年 2 月 14 日，英国财政部联合安永会计师事务所在上海正式发布报告《中英金融科技：释放的机遇》，该报告全面分析了中英两国科技金融生态圈的属性和所包含的各种因素。2018 年 3 月，英国财

政部发布了完整的报告《英国金融科技战略：确保英国金融科技的未来》。整个报告分为三章。第一章是引言，强调了政府和监管机构在金融科技发展方面可以发挥重要作用，披露了政府已经采取了哪些行动来为金融科技公司创造一个良好的商业环境，并发布了一系列雄心勃勃的战略计划。第二章列举了在英国金融机构普查中发现的金融科技公司存在的关键性问题，并给出了政府相应的解决方案。第三章介绍了英国金融科技发展所带来的新机遇及政府如何采取措施抓住这些机遇。这些措施包括：自2010年起，在英国缺乏数字技能的成年人将得到免费数字化技能培训；通过全民进行科技大赛来推动金融包容性事业发展，使那些在传统金融机构得不到服务的人能够以合理的价格获得为其量身定制的金融产品；利用区块链技术来探索英格兰银行的实时全额结算系统如何与基于分布式账本技术的创新结算系统相衔接等。

总之，英国政府在推动金融科技创新方面进行的非常具有前瞻性的顶层设计、富有远见的战略规划和详尽的操作方法是确保英国金融科技走在世界前列的重要保障。

二、主要 FinTech 企业

根据英国财政部2017年的报告《中英金融科技：释放的机遇》，英国的主要金融科技领域细分行业及企业如表3-2所示。

表3-2 英国的金融科技领域细分行业及重点企业

FinTech 子行业	细分行业	主要 FinTech 企业	促成因素
电子支付	跨境支付	·TransferWise ·Azimo ·Currency Cloud ·WorldRemit	·先进的基础设施实现实时支付（如快捷支付 Faster Payments）

续表

FinTech 子行业	细分行业	主要 FinTech 企业	促成因素
电子支付	B2B 支付	· Ebury · GoCardless · AccessPay · Revolut · Curve · Kantox · Skrill · Ringpay	· 新型的商业模式利用移动和在线技术来提高业务利用率并降低成本，如支付卡每笔交易费率从 3% 下降到 1% · 随着价格和费率透明度的提升，用户的接受程度也日渐提升
网络借贷	P2P 借贷 众筹 票据交易	· Zopa · Funding Circle · Crowdcube · Seedrs · Syndicate Room · Iwoca · Borro · MarketInvoice · ezbob · ThinCats · Platform Black · LendInvest · Trade River · Landbay · Funding Xchange · Funding Options	· P2P 商业模式提供更灵活和低成本的利率 · 更多地利用替代性的数据源来评估借款人信用风险 · 自动、实时的数据，提升承保效率 · 更广泛地使用新兴融资模式，例如资产负债表与表外贷款结合的方式 · 聚合平台将非结构化和结构化数据集合成为通用格式，破坏了传统代理模式
数字化银行	数字化 透明度	· Tandem · Atom · Starling · Oak North · Monese	· 无缝隙、全渠道的用户体验（如 3 分钟开账户），允许消费者在一个平台上管理多个账户 · 数据分析和人工智能被用于根据客户的财务需求主动推荐相关产品 · 可扩展的 IT 基础架构，重点发展单技术栈基础架构，不再依赖于杂乱的遗留系统

续表

FinTech 子行业	细分行业	主要 FinTech 企业	促成因素
先进分析技术	识别	·Ravelin ·Behavox ·ClearScore	·数据聚合与开放 API 技术使非结构化和结构化数据集能够聚合成可识别的格式 ·行为和心理测量数据分析方法提供新的数据分析技术，改进信用风险评估 ·实时监管与合规管理，为客户提供能被广泛识别的身份
	承保数据	·Suade ·Sybenetix ·Qumram ·Duco ·PassFort ·Aire	
	人工智能与机器学习	·Clearmatics ·OpenGamma	

在表 3-2 所示的 FinTech 企业中，有两家估值超过 10 亿美元的金融科技"独角兽"：TransferWise 和 Funding Circle。TransferWise 拥有 300 万客户。下一节我们将以 Revolut 作为案例来介绍英国金融科技企业的发展思路。

三、案例：金融科技创企黑马 Revolut

1. 公司业务特色

Revolut 是一家在线支付服务提供商，2015 年成立，总部位于伦敦，主要业务是帮助用户在旅行时随时方便地通过 APP 完成资金转账。Revolut 最吸引消费者的地方是资金转账全免费，其具体的流程是：首先需要在平台上注册，之后会获得一个包含美元、欧元和英镑三种不同货币的电子钱包；接着只需要用自己的信用卡或是银行转账账户绑定这个电子钱包就能轻松进行跨币种转账或支付了。Revolut 不仅允许用户在 APP 之间转账，而且还支持传统的电汇交易。

2. 估值激增的奥秘

Revolut 的业务综合了提供国际汇款转账服务的 P2P 平台 TransferWise 及提供现金提款、存款和透支服务的德国移动金融公司 Number 26 的优点，这是其能迅速崛起的重要原因之一。截止到 2018 年 6 月，Revolut 共经历了三轮融资。2006 年 7 月获得了约 1000 万美元（775 万英镑）A 轮融资，2017 年 7 月获得了一笔 6600 万美元的 B 轮融资，2018 年 4 月获得了惊人的 2.5 亿美元 C 轮融资，除此之外，还通过众筹获得了约 600 万美元的融资。截止到 2018 年 5 月，这家成立尚未满三年的创企的融资总额升至 3.4 亿美元，公司估值在不到一年的时间内增长了 4 倍，高达 17 亿美元。与此相对照的是，与 Revolut 在一些功能上形成直接竞争的 TransferWise，最近宣布在 D 轮融资中以 16 亿美元的估值获得了 2.8 亿美元的融资。TransferWise 花了七年时间才达到 Revolut 三年的水平。

Revolut 估值激增的主要原因是"迄今为止令人难以置信的增长数据"（Revolut 官方观点）。根据猎云网（https://www.lieyunwang.com/archives/434869）的报道，Revolut 目前每月处理 18 亿美元的资金流，每天会新增 6000～8000 名客户，总共有近 200 万名客户，其中 25 万名是每日活跃用户，大约 40 万名是每周活跃用户，90 万名是每月活跃用户，在未来五年内客户数可能达到 1 亿名。Revolut 表示，C 轮融资资金将用于在欧洲和全球市场扩张，预计还将扩张至美国、加拿大、新加坡、中国香港和澳大利亚。该公司还计划在 2018 年将员工人数从 350 人增加到约 800 人。

3. 挑战传统银行

为了说服消费者和企业放弃他们的传统银行，Revolut 提供了用户对现金账户所期望的大部分功能，包括实体和虚拟借记卡、直接借记和汇款。它的"攻击载体"（借用 Monzo 的 Tom Blomfield 的原话）原本是外汇使用的低廉手续费，这对创企的早期增长和概念推广提供了大量帮助,但是新功能和新产品正在以更快的速度增加,其中许多都是与其他金融科技公司的合作,比如旅游保险、电话保险、信贷、储蓄和加密货币。看起来,它们也抓住了加密货币这一热点。Revolut也正在申请欧洲银行业务许可证,该许可证能够让其开始运营资产负债表贷款。

四、关于RegTech

英国伦敦能成为全球金融科技中心的"领头羊"主要得益于其科学而有效的监管。监管不足可能会造成无序竞争,导致大量新创企业倒闭,消费者的资金得不到应有的保护;而监管过度可能抑制新创金融科技企业的发展。将人工智能等科技手段运用到监管上来,既可以极大地降低政府监管部门的工作强度,同时也有效地解决了监管者的激励约束问题,避免由于缺乏必要的激励约束机制导致监管不力。表3-3描述了英国对金融科技行业的主要监管机构。

表3-3 英国主要政府监管机构

政府监管机构	主要监管职能
Financial Conduct Authority (FCA)(金融市场行为监管局)	英国最主要的负责金融服务机构行为监管的部门,在为本国和境外金融服务机构在英国的运营执照颁发和授权中扮演了重要角色
Prudential Regulation Authority (PRA)(审慎监管局)	负责银行业、建房互助协会、信用合作社、保险业和主要投资机构的监督和管理,金融科技公司在上述子领域的运营必须通过PRA的许可方可在英国运营
Bank of England (BoE)(英格兰银行)	英国的央行,在PRA的核准流程中,负责颁发银行业从业执照
Department for International Trade (DIT)(国际贸易署)	前身是英国贸易和投资署,其推进了英国的贸易走向全球化,协助了跨洋公司在英国扎根和发展,提供了有关投资机会、税务、雇佣和签证建议等方面的指导意见,积极追求并吸引境外金融科技企业(曾在新加坡、中国香港和澳大利亚等国家和地区举办过路演)

英国开创了 RegTech 的先河。2011 年 6 月，英国政府发布《金融监管新方法：改革蓝图》白皮书，宣布改革国内金融监管体制。2015 年 11 月，英国金融行为监理总署针对金融科技新创公司推出了世界首个"监管沙盒"（Regulatory Sandbox）。"监管沙盒"的作用机制是从事金融创新的机构在确保消费者权益的前提下，可以按照 FCA 特定简化的审批程序来提交申请并取得有限授权，在适用范围内测试其创新模式的效果，FCA 会对测试过程进行监控，并对情况进行评估，以判定是否给予正式的监管授权。"监管沙盒"本质上是为金融科技企业提供了一种特别的"监管实验区"，类似于贸易领域的"自由贸易区"，在"监管实验区"内，金融科技企业受到的监管约束较弱，目的是激发创新活力。而一旦金融创新产品的规模达到一定水平，有可能产生系统性风险时，FCA 和 PRA 就迅速将其纳入宏观审慎金融稳定监管框架之内进行监管。"监管沙盒"鼓励了金融科技创新，促进了普惠金融的发展，也保护了金融消费者，可谓"一箭三雕"，因此也正在被越来越多的国家所采纳。

需要强调的是，"监管沙盒"实施过程中金融监管机构的任务并不轻松。监管部门需要定期检讨金融科技发展的政策的有效性，积极为金融科技企业提供必要的协助、辅导。由于是新兴产业，监管部门可能对监管方案的合理性也没有十足把握，因此需要定期邀请金融科技业代表与政府相关部门代表研讨相关政策的合理性和可行性，同时协调金融科技企业发展过程中出现的各种问题。可以说，监管机构的积极性和主动性直接决定了"监管沙盒"的有效性。

2017 年 4 月，英国财政部发布了有关金融科技的《监管创新计划》（Regulatory Innovation Plan）。创新计划涵盖金融监管机构的工作，包括 FCA、PSR、PRA 和英国央行，内容涵盖了金融服务监管机构如何适应并鼓励新技术、破坏性商业模式，以及更好地利用新技术减少企业监管负担。

除了进一步完善"监管沙盒"计划之外,2018 年 3 月 25 日,英格兰银行副行长 Dave Ramsden 宣布,英国央行将成立一个金融科技中心,目的是加强英国央行与行业机构的互动,进一步推动英国金融产业创新。

第三节 美国 FinTech 发展情况

一、主要 FinTech 企业

2016 年 7 月 18 日,美国 KBW 投资银行、Stifel 金融公司和纳斯达克证券交易所共同宣布发行 KBW 纳斯达克金融科技指数(KBW Nasdaq Financial Technology Index,KFTX),旨在追踪在美国公开上市的金融科技公司的表现。该指数包含了 49 家金融科技公司,基准值为 1000。该指数自发布以来在近两年的时间内累计涨幅近 60%,具体如图 3 - 1 所示。

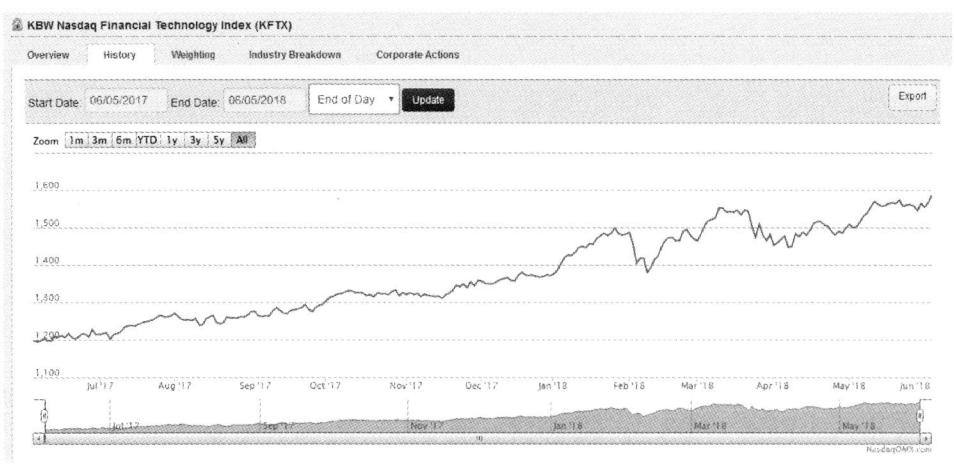

图 3 - 1 KBW 纳斯达克金融科技指数走势

资料来源:美国纳斯达克交易所。

根据纳斯达克交易所公布的数据,构成 KBW 纳斯达克金融科技指数的 49 家公司主营业务可以分为电子支付、信息咨询、大数据分析、交易平台、评级、金融软件服务、网络借贷、资产管理 8 个类型,其中支付型企业有 16 家、信息咨询 9 家、大数据分析 7 家、交易平台 5 家、评级机构 3 家、金融软件服务商 2 家、网络借贷 4 家、资产管理 3 家(见表 3-4)。

表 3-4　KBW 纳斯达克金融科技指数成分公司

业务类型	公司名称及证券代码	业务内容	公司总部所在地
电子支付 (12 家)	WORLDPAY, INC.(WP)	电子支付(ATM/POS)	俄亥俄州,Symmes Township
	TOTAL SYSTEM SVC INC.(TSS)	电子支付	佐治亚州,哥伦布
	GLOBAL PAYMENTS INC.(GPN)	电子支付	佐治亚州,亚特兰大
	ACI WORLDWIDE, INC.(ACIW)	电子支付	佛罗里达州,那不勒斯
	EURONET WORLDWIDE(EEFT)	电子支付(ATM 外包、全球汇款)	堪萨斯州,利伍德
	WESTERN UNION COMPAN(WU)	汇款服务	科罗拉多州,恩格尔伍德
	CARDTRONICS PLC(CATM)	ATM 金融服务	得克萨斯州,休斯敦
	VERIFONE SYSTEMS INC(PAY)	支付硬件(POS 机)	加州,圣何塞
	PAYPAL HOLDINGS(PYPL)	网络支付	加州,圣何塞
	Square(SQ)	移动网络支付	加州,旧金山
	WINLAND ELECTRS(WEX)	支付、运输金融服务	缅因州,南波特兰
	FLEETCOR TECHNOLOGIES(FLT)	支付(服务汽车行业)	佐治亚州,诺克罗斯
卡片支付 (4 家)	AMER EXPRESS INC(AXP)	信用卡、旅游经济	纽约州,纽约
	MASTERCARD INC(MA)	信用卡	纽约州
	VISA INC.(V)	信用卡	加州,旧金山
	GREEN DOT CORP(GDOT)	预付卡	加州,帕萨迪纳
互联网银行(2 家)	EVERTEC, INC.(EVTC)	互联网银行	波多黎各,圣胡安
	BOFI HOLDING, INC.(BOFI)	互联网银行	加州,圣迭戈
P2P 网络借贷(2 家)	LENDINGCLUB CORP(LC)	网络借贷	加州,旧金山
	LENDINGTREE, INC.(TREE)	网络借贷	特拉华州

续表

业务类型	公司名称及证券代码	业务内容	公司总部所在地
信息咨询与大数据处理（16家）	FACTSET RESEARCH SYS（FDS）	咨询研究、信息服务	康涅狄格州，诺瓦克
	THOMSON REUTERS CORP（TRI）	商业资讯、商业数据	纽约州，纽约
	FIRST DATA CORP（FDC）	电子商务	纽约州，纽约
	BROADRIDGE FIN SOL（BR）	交易处理、投资者沟通	纽约州，成功湖
	THE NEW D&B CORP（DNB）	商业咨询、征信	新泽西州，Short Hills
	FIDELITY NAT INF SVC（FIS）	金融资讯、技术外包	佛罗里达州，杰克逊维尔
	ENVESTNET, INC.（ENV）	金融资讯服务	伊利诺伊州，芝加哥
	JACK HENRY & ASSOC（JKHY）	社区银行金融服务支持	密苏里州，莫内特
	IHS MARKIT（INFO）	金融咨询、市场研究	伦敦
	VIRTU FINANCIAL（VIRT）	高频交易	纽约州，纽约
	MSCI INC.（MSCI）	指数编制	纽约州，纽约
	VERISK ANALYTICS（VRSK）	风险评估（房地产贷款和保险精算）	新泽西州，新泽西城
	BLACK KNIGHT（BKI）	数据分析、信息服务	佛罗里达州，杰克逊维尔
	ALLIANCE DATA SYS CP（ADS）	数据分析、数字营销	得克萨斯州，布兰诺
	FAIR ISAAC CP（FICO）	预测分析、风险管理	加州，圣何塞
	CoreLogic（CLGX）	数据分析（房地产）	加州，尔湾
交易平台（5家）	NASDAQ, INC. CMN STK（NDAQ）	交易所	纽约州，纽约
	MARKET AXESS HOLDINGS（MKTX）	固定收益类产品交易平台	纽约州，纽约
	CBOE GLOBAL MARKETS,（CBOE）	交易所	伊利诺伊州，芝加哥
	CME GROUP INC.（CME）	交易所	伊利诺伊州，芝加哥
	INTERCONTINENTAL XCH（ICE）	交易所	佐治亚州，亚特兰大
评级机构（3家）	MOODY'S CORP（MCO，穆迪）	信用评级	纽约州，纽约
	S&P GLOBAL INC.（SPGI，标普）	信用评级、指数编制	纽约州，纽约
	EQUIFAX INC.（EFX）	信用评级	佐治亚州，亚特兰大
软件服务（2家）	SS&C TECHNOLOGIES（SSNC）	金融软件服务	康涅狄格州，温莎镇
	FISERV, INC.（FISV）	金融系统外包服务	威斯康星州，布鲁克菲尔德

续表

业务类型	公司名称及证券代码	业务内容	公司总部所在地
资产管理 （3家）	FINANCIAL ENGINES INC.（FNGN）	资产管理	特拉华州
	FISERV, INC.（FISV）	金融服务、咨询	威斯康星州
	WISDOMTREE INVSTMNTS（WETF）	资产管理、投资咨询	纽约州，纽约

资料来源：纳斯达克证券交易所、纽约证券交易所，截止到2018年6月，笔者整理。

从表3-4可以看出：

（1）支付型企业的数量几乎占据一半，且多数脱胎于传统的支付企业。这一特征说明科技金融还处于早期发展阶段，其他国家也有类似的特征。根据2017年2月14日英国财政部联合安永会计师事务所发布的报告《中英金融科技：释放的机遇》，网络借贷和支付领域在英国的科技金融行业处于领先地位，吸收了约90%的金融科技投资。电子支付是互联网技术对传统金融的第一波影响，极大地降低了交易成本，提高了支付的便利程度。但电子支付一开始并没有对传统的金融模式产生实质性影响，直到互联网借贷、互联网财富管理等其他金融科技手段产生之后，多种金融科技手段叠加在一起，对金融科技的发展起到了巨大的推动作用。关于电子支付的另一个特征是，多数电子支付企业是从传统的支付企业转变过来的，纯粹的互联网支付企业其实只有PayPal和Square。近年来虽然也有一些新兴的基于互联网的电子支付企业，但由于它们发展还不成熟，没有被纳入KBW纳斯达克金融科技指数。

（2）传统金融机构正积极引入先进的金融科技手段。该指数包含了一些传统金融机构，如交易所、评级机构等，与毕马威发布的研究报告 FINTECH 100 Leading Global Fintech Innovators 所包含的企业有所不同。诸如大数据、云计算、人工智能、区块链等先进技术并非只有新成立的互联网企业才会重视，传统的金融机构也在积极拥抱这些新技术，因此新成立的金融科技企业要想挑战传统的金融企业还存在较大的难度。

（3）互联网银行要挑战传统银行并非易事。EVERTEC, INC.（恒久科技）和 BofI 控股公司是典型的无实体机构的互联网银行，它们以互联网为业务开拓工具，不另设线下分支机构。在过去的几年中，传统银行受到了互联网企业的巨大挑战，仅美国就诞生了 30 多家互联网银行，但能进入 KBW 纳斯达克金融科技指数的只有这两家。如果传统银行能足够重视培养创新文化，培养不断追踪和评估新型数字颠覆的能力，就可以应对新兴的互联网银行的挑战。

根据美国硅谷全球数据研究机构 PitchBook 编制的数据，2017 年美国金融科技风险投资估计达到 75.8 亿美元（见图 3-2）。

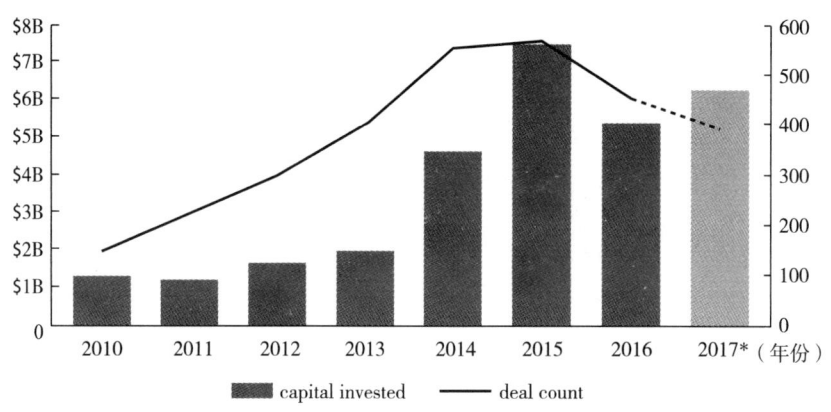

图 3-2　2010 年以来美国金融科技企业融资趋势

注：2017 年数据截止到 2017 年 11 月 2 日。
资料来源：PitchBook。

PitchBook 的数据还表明，有 10 家美国金融科技初创企业分别获得 1 亿美元以上私募股权投资，具体金额如表 3-5 所示。

表 3-5 美国 10 家金融科技初创企业获得风险融资情况

企业	Round month	Round amout	Post-money valuation
SoFi	February	$500M	$4.4B
Avidxchange	June	$300M	$14B*
Bright Health	June	$160M	$400M
Addepar	June	$140M	$560M
Clover Health	May	$130M	$1.2B
Robinhood	April	$110M	$1.3B
Coinbase	August	$108M	$1.6B
R3	May	$107M	$250M
Blend	August	$100M	$500M
Bill.com	October	$100M	$743M

资料来源：PitchBook。

二、政府的作用：推动 FinTech 和 RegTech

根据德勤发布的研究报告《连接全球 FinTech：2017 年临时中心评估报告》，美国在金融科技领域的发展并非处于绝对优势。美国政府在奥巴马任总统时期就已经意识到其在 FinTech 方面正面临着来自其他国家的巨大挑战，2017 年 1 月，在奥巴马卸任美国总统前，美国白宫发布了金融科技白皮书 A Pramework for FinTech，将金融科技上升至国家战略。白皮书认为，金融科技将从根本上变革传统的金融服务模式，改善金融体系的运作，促进经济增长。为了鼓励各利益相关方采取协作方式开发基础设施构建模块，以及通过合作实验以推动金融科技创新，最终形成良好的金融科技生态系统，白皮书阐述了 10 个总体原则。这十大原则是：

（1）广泛关注金融生态系统。现有机构和新进入者应该广泛思考这一动态格局，因为它们的工作是确保它们的产品为消费者、投资者和市场增加价值，并且是以安全、透明和可持续的方式。

（2）从消费者开始。消费者保护应该成为金融科技公司提供的产品和服务的主要关注点。产品和服务的安全、透明、用户友好及加强选择将有助于确保消费者——无论是个人还是机构——获得最大价值。

（3）促进安全的金融包容和金融健康。金融科技行业的利益相关者应致力于开发产品和服务，以安全地获得金融服务和改善金融健康。

（4）认识并克服潜在的技术偏见。为确保金融科技真正成为促进安全和公平获得金融产品和服务的手段，而不是延续收入差距或种族和性别不平等的手段，创新者应主动评估他们的数据质量及他们在开发和使用技术时存在偏见或负面外部效应的可能性。

（5）最大化透明度。提供透明金融产品和服务是从2008年金融危机中获得的重要经验教训之一。随着金融科技公司发明和重塑金融工具，它们应该设法以简单、清晰和透明的方式来做到这一点。通过共同努力提高透明度，公共和私营部门可以对金融体系的效率和安全产生巨大影响。

（6）努力实现互操作性和协调技术标准。随着金融服务不断发展，消费者开始寻求日益个性化和灵活的金融解决方案，金融科技公司和金融机构应在其产品和服务中嵌入具有互操作性和统一（或协调一致）的技术标准。

（7）从一开始就建立网络安全、数据安全和隐私保护。鉴于网络安全威胁的激增和大数据的作用日益重要，金融科技公司必须在开始时乃至整个过程中整合强大的网络安全、数据安全和隐私保护措施。

（8）提高金融基础设施的效率和效力。随着企业和机构创新的不断发展，企业应该牢记提高效率、结构完整性和安全性、透明度、准入和合规性的目标。

（9）保护金融稳定。虽然新的未经测试的创新可能会提高效率并带来经济利益，但如果风险不被识别并进行主动管理，它们可能会对现有金融基础设施构成风险，并有损于金融稳定性。

（10）继续并加强跨部门参与。此类参与有助于确定合作领域并减少监管不确定性。此外，密切合作可能会加快创新和商业化进度，提早发现问题或突出等待技术解决方案的问题。

美国政府除了积极推动 FinTech 的健康发展之外，也非常强调 RegTech，即通过技术手段来强化对金融科技领域的监管，既可以防止发生系统性的金融风险，又不会限制 FinTech 企业的金融创新。美国的金融科技监管机构主要有金融业监管局（FINRA）、消费者金融保护局（CFPB）、货币监理署（OCC）及商品期货交易委员会（CFTC）等。2016 年，OCC 分别在华盛顿、纽约和洛杉矶创建创新办公室，旨在通过创新办公室直接与 FinTech、RegTech 等金融创新公司对话，了解现阶段金融创新情况，鼓励新技术发展，并将新技术应用于监管领域。2017 年 5 月，CFTC 成立 CFTC 实验室（Lab-CFTC），与 OCC 创新中心类似，CFTC 实验室旨在加强监管部门与新金融行业的联系，通过与 FinTech 公司和 RegTech 公司的合作来提升自身的监管效率及完善当前的监管体系。2018 年 5 月，美国消费者金融保护局宣布，其正在与 CFTC 合作开发美国首个金融科技监管沙盒。由英国金融行为管理局（FCA）发明的监管沙盒可以适当降低某些监管要求，允许金融科技创业企业在政府指导之下对产品进行测试。英国的实践说明监管沙盒的效果很好，据 FCA 战略与竞争执行总监 Chris Woolard 透露，FCA 的首款沙盒已经与 70 家金融科技公司达成合作，而参与这一轮计划的创业企业中有 90% 成功走向市场，融资难度也大大降低。美国政府希望通过开发金融科技监管沙盒来推动美国金融科技行业的快速发展。

第四节 新加坡

一、FinTech 发展状况

根据《连接全球 FinTech：2017 年临时中心评估报告》，新加坡仅次于伦敦，连续两年居于全球 FinTech 中心第二位。这也得益于新加坡政府的大力推动。

根据新加坡 KPMG 2018 年 2 月发布的金融科技报告，2017 年新加坡的金融科技融资创下新高，达 2.291 美元（约 3 亿新元），其中仅 2017 年第四季度的金融科技融资就达到 1.2275 亿美元，占全年融资额的一半以上。这主要得益于两项在亚洲排名前十位的大规模交易：一项交易是从事电子支付类业务的金融科技企业 Paynear Solutions （2009 年成立于印度海得拉巴）以 1 亿美元的价格收购了总部位于新加坡的手机支付企业 GoSwiff；另一项交易是总部位于新加坡的全球资产管理金融科技公司 Smartkarma 的 B 轮融资筹集到了 1350 万美元。

新加坡政府较早就意识到了 FinTech 的影响力。自 2015 年 7 月，新加坡政府将"建设智慧国家"作为重点发展任务，结合自身的金融业基础，推动 FinTech 企业、行业和生态圈的发展。2015 年 8 月，新加坡政府在新加坡金管局（MAS）下设立金融科技和创新团队（Fintech & Innovation Group，FTIG），在 FTIG 内建立支付与技术方案实验室、技术基础建设实验室和技术创新实验室三个实验室，并投入 2.25 亿新元来推动《金融领域科技和创新计划》（*Financial Sector Technology & Innovation Scheme*，FSTI），鼓励全球金融业在新加坡建立创新和研发中心，全面支持地区金融业发展。2016 年 5 月，新加坡创新机构

（SG-Innovate）和 MAS 联合设立金融科技署（Fintech Office）来管理金融科技业务并为创新企业提供一站式服务。

新加坡金融监管局在 2016 年 11 月举办的首届新加坡金融科技节上推出了一系列计划，包括将全国个人信息平台 MyInfo 的资料应用在金融领域、试用区块链技术进行跨银行和跨境付款，以及出台《新加坡金融科技沙盒监管指导方针》。由于存在税收优惠、政府扶持和可轻松进入亚洲市场等亮点，新加坡吸引了全世界的金融科技企业入驻。2016 年 11 月新加坡金融科技节吸引了 1.1 万余名与会者，是一周前开幕的香港金融科技周与会者的 4 倍多。

2017 年 11 月，由新加坡银行协会（ABS）、MAS、新加坡新展展览有限公司携手举办的第二届新加坡金融科技节（Singapore FinTech Festival）吸引了超过 100 个国家的 25000 名与会者。会议主题包括九项内容，分别是学术研究、金融科技资产类别、金融科技发展的弹性和连续性、深层科技的探讨、金融科技融资、全球金融科技市场观察分析、监管科技（沙盒监管）、大数据分析、金融科技风险和网络安全。

二、主要 FinTech 企业

新加坡的金融科技企业成立时间其实并不早，但是它们及时把握了全球金融科技发展趋势，表 3-6 描述了近年主要的金融科技企业。

表 3-6 新加坡主要金融科技企业

公司名称	主要业务描述	成立年份
Alpha Fintech	通过该平台，银行、企业等可以访问全球各种类型的数字支付平台和解决方案供应商。总的来说，Alpha Fintech 就是一个全渠道 FinTech 解决方案访问平台	2011

续表

公司名称	主要业务描述	成立年份
Fastacash	将线上支付和社交平台相结合，为用户提供 P2P 点对点价值转移（金钱、通话时间、电影票、优惠券等）和数字内容交易（如照片、视频、音频、消息等）等服务	2012
GrabPay	GrabPay 是南亚打车服务公司 Grab 推出的交通费支付工具，2017 年获得马来西亚国家银行发放的电子金融牌照，功能逐步扩展，支持第三方商家，用户可以通过该应用进行转账	2017
M-DAQ	跨境证券交易服务商，专为跨境交易提供多币种转换服务。目前 M-DAQ 在新加坡银行和证券市场上都享有很高的信誉，此前 M-DAQ 曾获得蚂蚁金服的投资	2010
MatchMove Pay	移动支付平台，主要服务对象为未在银行开户的用户，专为客户提供 P2P 转账、跨境货币交易、虚拟支付卡等服务	2009
Mesitis	旗下产品 Canopy 是一个高净值投资者财务数据管理和分析平台	2013
Numoni	旗下产品 Nugen 是一个用户友好的现金交易终端。通过 Nugen，用户可以进行海外汇款、账单支付、资金接受、贷款购买手机等业务。Numoni 公司的业务已经从新加坡扩展到马来西亚、印度尼西亚、菲律宾等地区	2012
Otonomos	基于区块链技术帮助公司进行海外注册并将公司资产数字化，可以说是一家区块链股权发行商。目前 Otonomos 在为 100 多家客户提供服务，已经开设了 50 多家公司。其目标是将自己打造成一个集公司的成立、融资与管理于一体的去中心化金融平台	2016
Quoine	领先全球的互联网金融服务公司，主要提供比特币交易和其他加密货币相关服务，总部设在新加坡，目前在越南也设有办事处。2017 年 6 月，Quoine 发布了数字货币交易平台 QRYPTOS，为用户提供高效且安全的数字货币交易服务	2014
TradeHero	一款模拟炒股移动应用程序，属 MyHero 公司旗下产品。该应用提供了全球主流股票交易所的实时数据，同时还搭建了一套社交系统。目前该应用在各个行业包括金融和游戏等行业都非常受欢迎	2012

资料来源：根据公开数据整理所得。

三、案例：互联网证券新模式 TradeHero

1. 成立背景：日益增长的投资需求

早期的金融科技公司主要从事电子支付类业务，随着电子支付、P2P、众筹等各种金融科技模式的诞生并取得成功，金融科技开始进入更多的传统金融领域。在这样的背景下，新加坡新创公司 MyHero 团队在 2013 年初推出了一款可以模拟炒股的移动应用 TradeHero，致力于打造全球范围内智慧财富化平台。在真实场景中，炒股的风险较大，消费者普遍希望能在进入真实股市之前有一个模拟真实场景的学习环境，TradeHero 正是迎合了消费者的这种需求，因此 TradeHero 一上线就迅速登上 70 多个国家的 App Store 金融分类榜首，被 Tech in Asia 称为"新加坡最佳创业公司之一"。

2. 成功法宝："真实场景＋社交平台"

提供真实场景是 TradeHero 最重要的特色，TradeHero 提供了全球主流股票交易所的实时数据，涵盖了全球 30 多家股票交易所的近万只股票，美股、港股、新加坡及欧洲股票都可以在此模拟交易。由于是基于真实的股市行情数据，因此无论是投资心理还是投资环境，都最大化接近于真实炒股场景。同时，为了提高用户黏度，创业人员又搭建了一套社交系统，社交系统中聚集了很多股市达人，他们可以和普通用户进行大量互动、充分沟通，这样既可以快速有效地教育用户，用户也可以在这里学习炒股达人的经验，提高炒股技能。"真实场景＋社交平台"无疑是 TradeHero 爆红的重要法宝。

但是要吸引股市达人加入也有难度，由于 TradeHero 定位于为股市菜鸟提供模拟学习环境，股市达人大多本身就已经在股市里面，而且是各个金融机构里的重要用户，没有动机加入一个新创的为股市菜鸟定制的应用平台。为了应对这一难题，TradeHero 团队将理想的生态系统设想"上端一小部分炒股达人引领下端庞大的菜鸟级炒股爱好者"

的结构。他们认为这样的结构能够持久,并且能在下端的菜鸟级炒股者中逐渐培养出新的炒股达人。

3. 盈利模式:一箭双雕

能否盈利直接决定了新创金融科技企业是否能生存。由于TradeHero定位于股市小白,其特征是资金少、风险偏好低,寻找盈利模式相当困难,直接通过"收费才能使用"的方式会流失大量用户。TradeHero创造性地解决了这一关键难题。TradeHero的盈利模式主要包括B2B和B2C。在B2C方面,下单菜鸟级用户付费关注炒股达人,有权利获得后者的炒股信息及其交流指导的机会。这部分付费关注的收入在抛出支付等费用之后,被关注者和平台进行五五分成。这既解决了盈利难题,又能够吸引股市达人入驻,可谓一箭双雕。

在B2B方面,TradeHero平台和传统金融机构合作,帮助其获得新的用户,从而收取佣金。在新加坡,TradeHero已经和银行合作开展虚拟炒股大赛,最终吸引来的新用户中会有3%~4%到银行开户投入真正的股市。按照TradeHero大中华区总裁唐震巍的话:"这个转化率比游戏的转化率要高。"

4. 中国魔咒:如何化解

很多具有先发优势的海外互联网巨头进入中国后,不敌国内后起之秀的本土互联网公司,远的如eBay、amason、Google等,近的如Uber、M&S、Macy's等。2016年11月8日,英国最大的跨国商业零售集团M&S(Marks & Spencer,玛莎百货)关闭了中国内地所有商铺,无独有偶,美国著名连锁百货公司梅西(Macy's)中国官网前不久刚刚宣布于2018年6月9日停止运营。这一现象被媒体称为"中国魔咒"。从2014年进入中国到现在,TradeHero可以说成功地攻破了这一"魔咒"。

TradeHero大中华区总裁唐震巍将成功占领中国市场的经验总结为两点:首先是要有一个长着中国脸的版本。在进入中国市场之前,

TradeHero 花了两个月时间进行封闭式研究,开发出适合中国消费者习惯的版本,包括极大地简化了操作繁复度,加大了产品的社交属性,丰富了产品内部的游戏机制等,创造出了一款简单、好用、好玩的模拟炒股 APP。例如,相对于外国版本,中国版本新增了中国用户习惯的点赞、评论、发消息等功能,增加了 K 线等更多指标曲线图及跟股票相关的新闻、报告等,这些在国际版本中是没有的。国外炒股的主要是机构,个人直接参与的极少。国外用户似乎更偏向于理性的投资行为,不关心某只股票具体什么价格、涨幅、排名,会看曲线来判断是进是退,而国内的投资者以散户居多,因此更倾向于感性的投机行为,必须要有很多数据,往往那种排名前 20 的股票会被用户跟风炒。从这些做法来看,TradeHero 确实在研究中国客户的消费习惯上做足了功课。

其次是要组建一个思路很开阔的本土化团队。TradeHero 的中国团队都是中国人,且大部分骨干人员有过自主创业经历,部分拥有海外求学背景,但过往的工作经历都是在中国的互联网公司,有来自微软的程序员,有来自腾讯的 PM,有来自盛大的 UED,有来自携程的营销人员等。这样一种优秀团队,无论对国内市场还是对创业,都有着很深的理解力,TradeHero 赋予了中国团队比较高的自由度,不让外企的思路束缚这个团队。结果证明,TradeHero 的做法非常成功,值得其他外资企业借鉴。

5. 实盘交易:正面竞争

实盘交易对于 TradeHero 来说是水到渠成的事情,因为当用户对平台建立起较强的信任及经过模拟炒股阶段的演练掌握了基本炒股技巧之后,就会具有非常强烈的继续实盘操作的需求。TradeHero 大中华区总裁唐震巍表示,他们将适时推出实盘交易,示范交易将为公司带来新增的盈利渠道:与合作券商分成佣金。很明显,一旦进入实盘交易,TradeHero 将直接和传统的证券公司正面竞争,因此也将会是另外一场恶战。TradeHero 正在为这场恶战的到来进行精心准备。比如，为尽可能多地吸引小白用户进入，TradeHero 正打算进一步降低普通用户的使用门槛，逐步取消"一刀切"的付费关注，取消付费关注之后，免费用户也可以看到所关注炒股达人的现有持仓数量、买入价格、买入数量等信息。另外，TradeHero 也开始试点服务分级，进一步提升用户的使用体验。

总之，对于一个金融科技初创公司来说，TradeHero 已经成功地吸引了稳定的客户群，形成了自己的品牌服务和良好的盈利模式。照此趋势发展，相信 TradeHero 能在未来的金融科技领域占据属于自己的一席之地。

四、关于 RegTech

新加坡政府致力于让新加坡成为全世界的智能金融中心，新加坡金融管理局认为，成为智能金融中心的关键在于能够提供有利于技术创新运用的监管环境。2016 年 11 月，新加坡金融管理局发布了《新加坡金融科技沙盒监管指导方针》，该指导方针系统介绍了沙盒监管的方法、目的、受众、目标和原则、评价标准、扩展和退出机制，以及批准程序等，并提供了与此相关的范例。监管沙盒制度的及时推出进一步增强了新加坡对全球金融科技领域企业的吸引力，使新加坡能够超越纽约和硅谷，仅次于英国伦敦，居于全球金融科技中心第二位。

除了新加坡之外，同为"亚洲四小龙"的中国香港也推出了监管沙盒（Fintech Supervisory Sandbox，FSS）制度。2016 年 9 月 6 日，香港金融管理局宣布成立金融科技监管沙盒，目的是在授权机构进一步全面扩大规模之前，进行促进授权机构的金融科技及其他技术创新的试验。新加坡和中国香港的金融科技监管沙盒制度总体目标和指导思想是相似的，但在具体操作上有一些差别。首先，新加坡的监管沙盒制度规定得比较详细，包括指导方针、目标受众、沙盒的目标和原则、沙盒的评价标准、沙盒的扩展或退出、申请和批准程序等各方面的内容。而中国香港的监管沙盒制度包括三个方面的原则，比较笼统。其次，新加坡的监管沙盒制度可操作性强，也印证了新加坡政府对于推动金融科技发展的决心，监管沙盒制度的推出是政府打造智慧金融的决心的进一步体现。最后，监管制度对金融科技企业具有更强的吸引力，从新加坡举办的两次全球金融科技节所吸引的与会者数量就可以看出来，可以说新加坡金融科技企业的吸引力明显超过中国香港。

第五节 经验与借鉴

一、政府推动力

从英国、新加坡和美国的经验看，政府推动对于金融科技的发展至关重要，问题是政府应该如何推动？不同的国家有不同的做法，从政府介入的程度来看，新加坡政府介入最深，其次是英国，美国政府对金融科技发展的推动力最弱。美国政府非常强调金融系统的风险控制，这样做的好处是消除了金融科技领域的一些潜在风险，但极大地限制了金融科技创业企业的发展。北京大学黄益平教授在对美国金融科技行业考察后认为，美国现行监管体系未跟上金融科技的发展，其监管框架相对成熟，但监管部门的兴趣与业界的努力不太匹配，与英国、新加坡等的监管部门相比也有明显差距。

总的来说，政府应当推动市场的发展，但又不直接干预市场。对政府来说，首先要做的就是制定推动金融科技发展的一系列政策框架，引导金融科技企业的发展。可能的政策框架包括：《建设金融科技中心指南》《金融科技监管框架》《金融科技生态系统建设指南》等。

二、运用监管科技

监管科技的核心是将金融科技嵌入监管体系,也就是同样需要使用云计算、大数据、区块链和人工智能等手段进行监管。最简单的方式是要求金融科技公司接入监管部门的技术系统,便于监管部门实时获取监管数据。这要求监管机构也要具备强大的数据分析能力。

对金融科技领域的监管首先要弄清楚监管方式是应该采用沙盒式监管还是采用穿透式监管。穿透式监管要求把资金来源、中间环节与最终投向穿透联结起来,综合全链条信息,执行相应的监管规则;沙盒式监管要求为金融科技创新提供可供实验的沙盒环境,并及时跟踪监控科技企业的发展情况,制定保护消费者金融的一整套规则。沙盒式监管是英国的监管创新,新加坡是跟随者;但美国并没有制订完整的沙盒式监管计划,而是采用穿透式、功能性监管,即不管金融科技以何种形态出现,均根据涉及的金融业务性质纳入到相应的金融监管体系之中。例如,对于P2P这一新的金融模式,涉及产权变化的由美国证监会进行监管,涉及损害消费者权益的由美国联邦金融消费者保护局进行监管,而涉及货币转移的由财政部对货币服务机构进行监管。对于这两种监管模式,目前仍存在一些争议。中国人民银行金融研究所所长孙国峰认为,穿透式监管更适合中国,而监管沙盒并不适合中国。因为我国市场比较大,金融科技机构相对来说比较容易盈利,自身发展动力强,在此背景下如果再实施监管沙盒,很多大中小型金融科技机构都会来申请,可能容纳不下如此多的机构。而英国、新加坡等国由于自身市场比较小,金融科技发展产生的风险隐患并不是很突出,同时肩负着国际金融中心发展的任务,会采取一些鼓励措施,监管沙盒是一种很好的监管方式。因此,沙盒式监管更适合小型开放的经济体并且是国际金融中心,而穿透式监管更适合大型经济体。但另外一些学者和金融科技企业的管理者担忧穿透式监管会扼杀金融科技领域的创新。著名经济学家张维迎认为，如果政府过早地制定金融监管规则，就有可能将互联网金融创新扼杀掉。马云曾在2014年的阿里巴巴技术论坛上的演讲中指出，"有时候，打败你的不是技术，可能只是一份文件"。穿透式监管的弊端在于，一方面有可能监管过度，另一方面也有可能出现类似"九龙治水"的现象，不同的监管机构之间可能互相扯皮，或者竞相降低监管标准，最终使监管形同虚设。北京大学法学院教授邓峰认为，穿透式监管概念不断引发规制机关、监管部门出台规章，加大处罚力度。这种规制、监管上的政策性调整，经过监管部门的扩张解释，上升到法律规则之中，可能会产生"为监管而监管"的消极作用。

其次要建设好监管生态系统。金融科技领域的发展非常迅速，单靠政府的金融稳定发展委员会及一行两委的监管是不够的，应当构建政府监管、行业自律、第三方中介机构、企业自治、社会监督等多主体、多层次金融科技生态治理体系。行业协会可以发挥政府与市场之间的桥梁纽带作用，通过制定行业标准及规范、适时检测各项发展数据、建设行业基础设施，以及为金融企业和消费者提供教育和咨询等措施，与政府监管产生很好的协同作用。充分调动社会公众和市场主体参与金融科技治理的积极性；发挥评级机构、律师事务所、会计师事务所等第三方机构作用；加强金融消费者教育，树立"自享收益、自担风险"的正确理念。

第四章 中国 FinTech 总体发展状况

第一节 投融资情况

根据毕马威 2018 年 7 月发布的报告 *Pulse of Fintech* 2018，中国的金融科技领域投融资情况增长迅速。图 4-1 所示为报告公布的近年来中国金融科技投资额和亚洲金融科技投资额对比。

中国的金融科技投资在 2015 年和 2016 年曾经快速增长，在经历了 2017 年逐渐下滑之后，随着金融去杠杆的逐渐完成，2018 年以来又开始加速增长。尤其是 2018 年第二季度，中国金融科技投资呈爆发式增长。不过此次爆发式增长的最主要原因是蚂蚁金服的新一轮巨额融资。2018 年 6 月 8 日，蚂蚁金服正式对外宣布完成总额达 140 亿美元的新一轮融资，成为迄今为止全球最大的单笔私募融资。根据蚂蚁金服官方报道，此次融资将主要用于支付宝的全球化拓展、自主科研投入和全球顶尖人才的招募，从而提升支付宝及其合作伙伴向全球消费者和小微企业提供普惠金融服务的能力。蚂蚁金服也当之无愧地成为金融科技领域的"独角兽"，其一举一动对整个中国乃至亚洲的金融科技市场都产生很大的影响，从图 4-2 中可以非常明显地看到中国的影响。

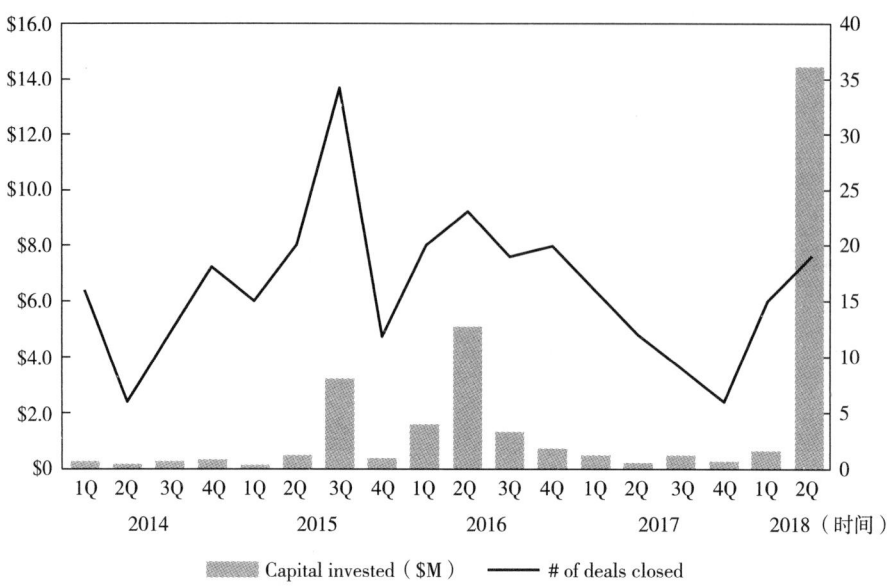

图 4-1 近年来中国金融科技投资额变化情况

资料来源：毕马威研究报告 *Pulse of Fintech* 2018。

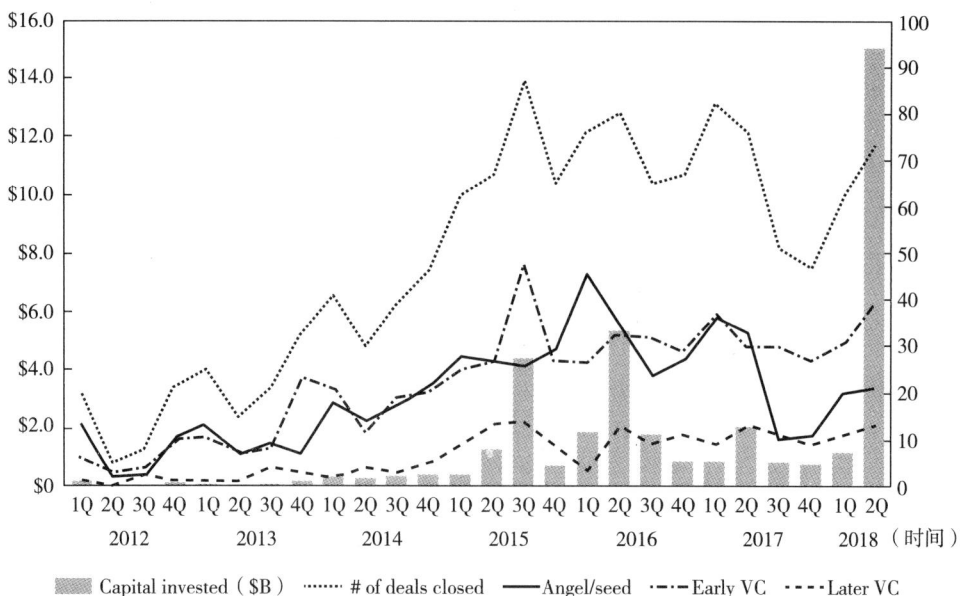

图 4-2 2012~2018 年亚洲金融科技投资变化情况

资料来源：毕马威研究报告 *Pulse of Fintech* 2018。

对比中国和亚洲的金融科技投资变化情况可以发现，中国的金融科技投融资规模在亚洲金融科技活动中占有绝对主导地位。英国财政部和安永联合发布的报告《2016：中英金融科技——释放的机遇》将中国称为"新兴的世界级金融科技生态圈"，中国是高速成长的金融科技市场之一，并拥有着全世界最大的消费者群体，为日益活跃的金融科技市场提供了坚实基础。由于有大量的资本、优秀的人才和鼓励性的政策环境，中国的金融科技具有颠覆传统行业的潜力。

从全球范围来看，蚂蚁金服的破纪录融资，连同全球另外8宗超过10亿美元的交易，将2018年上半年全球金融科技投资额推高至579亿美元，已经超过2017年全年总和的381亿美元，逐步逼近2015年的625亿美元历史高位。

在中国国内，除蚂蚁金服的140亿美元巨额融资之外，还有4宗超过1亿美元的金融科技融资，使中国的半年度金融科技投资总额达到151亿美元，几乎等同于2013~2017年中国此类投资总和，金融科技投资交易数量从2017年下半年的15宗增加到2018年上半年的34宗。此外，中国金融科技领域投资也呈可持续增长状态，2018年7月12日，京东金融宣布完成B轮融资，融资金额约130亿元人民币，投后估值约1330亿元人民币。除了这些"独角兽"企业之外，其他多个金融科技企业也正在酝酿新一轮投融资活动。

第二节 总体特征

课题组2018年参加了多个关于金融科技的会议和论坛，并和部分金融科技企业管理层进行面对面交流，根据我们所掌握的情况，我们认为当前中国金融科技投资主要呈现以下趋势和特征：

1. 传统金融企业开始拥抱金融科技

在金融科技2.0（互联网金融）阶段，科技企业利用互联网手段进入传统金融业务领域，对传统型企业形成了巨大挑战。正如马云所说："如果银行不改变，我们就改变银行。"传统金融企业、核心金融企业之间形成了"在位者—进入者"的替代性竞争关系。

到了金融科技3.0阶段，当传统金融企业意识到金融科技是大势所趋时，它们的态度开始逐渐改变，转而开始拥抱金融科技。虽然，传统金融机构对于新金融科技的应用仍然存在较强的忧虑，比如，金融科技的最终品都需要经历大量的迭代试错，这意味着传统金融机构需要投入巨大的研发成本，因此，传统金融企业会担心企业能否承受得起长期、巨大的科技研发投入，更担心这些投入是否能形成真正的独霸一方的技术而不仅仅是烧钱，但越来越多的传统金融企业已经开始转变态度，拥抱金融科技。

继2015年兴业银行、平安银行分别成立了兴业数金、金融壹账通两家金融科技子公司以来，越来越多的银行开始进军金融科技。2016年招商银行、光大银行分别成立了招银云创、光大科技，2018年民生银行、建设银行也相继成立了民生科技、建信科技等金融科技子公司。传统银行以金融科技子公司的方式发力金融科技的优点在于：一方面，在传统业务和金融科技之间建立一个缓冲带，以保证银行IT系统构架的平稳；另一方面，金融科技子公司可以轻装上阵，制定合理的组织架构和有竞争力的激励制度，与其他新创科技企业进行竞争。由于背靠大银行，这些金融科技子公司一经成立便具有很强的竞争力，它们主要做金融云和金融行业应用、解决方案，既为银行各传统业务环节提供系统的解决方案，又可以赋能其他中小金融机构。

2. 新型金融科技企业开始趋于理性发展，乐于和传统金融企业合作

在金融科技2.0（互联网金融）时代，新创金融科技公司扮演着"颠覆者"的角色，一度迅猛增长，风光无限。2018年以来，这些新创金融科技公司逐渐改变了原来单打独斗的模式，趋于理性发展，主动和传统金融企业合作。主要原因在于：首先，由于近年来政府为防范系统性金融风险采取了金融"去杠杆"政策，这些新创金融科技企业在融资方面出现了显著困难，迫使一部分企业寻求与传统大银行的合作，而另一部分企业则转变为单纯的科技企业，转型后的科技企业也只能选择和传统金融企业进行合作。其次，金融科技领域的投融资活动呈现明显的"头部效应"，科技巨头如百度、阿里巴巴、腾讯、京东（BATJ）在金融科技领域里的融资受到追捧，但其他中小金融科技企业融资普遍存在困难。2018年以来，蚂蚁金服融资140亿美元，百度旗下度小满融资19亿美元，京东金融成功融资20亿美元，与此相对的是，其他中小企业融资加起来不足10亿美元。最后，金融科技2.0（互联网金融）时代是金融监管缺位的时代，但2018年以来，政府开始推行"穿透式监管"，这时新创金融科技企业无法再像原来那样野蛮式发展，而是回归到理性发展的轨道，转而寻求和传统金融企业进行合作。

3. 金融科技发展进入攻坚阶段，人工智能和区块链成为重要突破口

在金融科技2.0（互联网金融）时代，云计算和大数据得到科技企业的重视并逐渐普及，金融科技基础不断强化。如何利用这些大数据形成新的业务模式是决定金融科技能否颠覆传统金融业务的关键，人工智能和区块链可能成为重要突破口。智能客服、智能投顾、智能投保、智能风控等人工智能手段受到前所未有的重视，将呈现爆发式增长。2018年9月17～19日在上海召开的"世界人工智能大会"以"聚力AI，内容赋能"为主题，活动吸引了700多人参加，来自科沃

斯、优必选、科大讯飞、康力优蓝、归墟电子、百度、京东等 500 多家企业的重要代表出席，探讨包括服务机器人应用落地、商业模式变迁，以及相关产业链如语音交互、智慧家庭生态、投资等不同层面的联动话题。上海市政府也在该次大会上出台了《关于加快推进上海人工智能高质量发展的实施办法》，从人工智能人才队伍建设、深化数据资源开放和应用、深化人工智能产业协同创新、推动产业布局和集聚，以及加大政府引导和投融资支持力度五大方面，出台了 22 条具体措施来推动人工智能的发展。

区块链由于其具有去中心化、不可篡改等优势，在跨境支付结算、供应链金融及大数据征信等领域具有非常广阔的应用前景。2017 年 4 月，杭州市政府联合主办了 2017 全球区块链金融（杭州）峰会，首开国内政府层面主办区块链峰会之先河。2018 年 3 月，第二届全球区块链（杭州）高峰论坛成功举办。杭州市市长徐立毅在 2018 年杭州市两会的政府工作报告中明确指出："加快培育人工智能、虚拟现实、区块链、量子技术、商用航空航天等未来产业，从而实现聚焦创新驱动和结构优化、着力推动经济高质量发展的目标。"杭州正逐渐成为全国区块链创新高地。

4. 金融监管不断加强，在鼓励创新和预防风险之间寻找平衡点

2017 年以来，随着 P2P 行业频频出现"跑路事件"，为防范系统性金融风险，政府明显加强了对互联网金融领域的监管。继 2018 年 4 月中国人民银行、中国银行保险监督管理委员会、中国证券监督管理委员会及国家外汇管理局等部门联合出台《关于规范金融机构资产管理业务的指导意见》之后，2018 年 7 月，央行网站又公布《关于进一步明确规范金融机构资产管理业务指导意见有关事项的通知》，明确了具体监管细则。政府对金融科技领域的监管明显加强，一些潜在的风险得到控制。但严格的监管对金融科技创新存在明显的抑制作用，政府也不断借助监管科技的力量改进监管手段。我们认为，政府应当改

变原来的"先发展后规范,再集中整治"的监管思路,采取"风控与发展并重"的方式,在鼓励创新和预防风险之间寻找平衡点,具体做法可以借鉴英国的"监管沙盒"计划,我们将在本书最后"政策建议"部分中进行进一步讨论。

第三节 主要 FinTech 企业

在金融科技 3.0 时代,科技企业和金融企业之间的关系也发生了相对变化。科技企业的影响越来越大,通过大数据、云计算、人工智能、区块链等最新 IT 技术,改变传统金融业的信息采集模式、风险定价模式、投资决策模式等,大幅提升传统金融的效率,降低金融运行成本。传统金融服务最核心的关键模式将被颠覆,传统的金融企业也受到来自科技企业的重要挑战。传统金融企业应对挑战的方法之一是拥抱新技术,否则就可能在竞争中被淘汰。

毕马威于 2017 年 12 月发布了中国领先金融科技企业 50 强名单,根据这份名单,我们进一步收集和整理资料,将国内领先的 50 家国家金融科技企业的信息列于表 4-1 中(由于表格过大,这里只节选基本信息):

表 4-1 中国领先的 50 家金融科技企业

类别	企业名称	成立年份	总部注册地	公司网址
区块链技术	布比区块链	2015	北京	http://www.bubi.cn/
	分布科技	2016	上海	https://onchain.com/
保险科技	慧择网	2006	深圳	https://www.huize.com/
	众安保险	2013	上海	https://www.zhongan.com/corporate/

续表

类别	企业名称	成立年份	总部注册地	公司网址
财富与资本市场	福米科技（微牛）	2016	湖南	http://www.webull.com/
	富途证券	2012	香港、深圳	http://www.futu5.com/
	金斧子	2012	深圳	http://www.jinfuzi.com/
	老虎证券	2014	北京	http://www.itiger.com/
	挖财	2009	杭州	http://www.wacai.com/
电子支付	财付通	2005	深圳	https://www.tenpay.com/v3/
	钱方好近	2011	北京	http://www.qfpay.com/
	简米网络（Ping++）	2014	上海	http://www.pingxx.com/
	快钱	2004	上海	http://www.99bill.com/
	汇付天下	2006	上海	http://www.chinapnr.com/
	启赞金融 iPayLinks	2015	上海	http://www.ipaylinks.com
综合金融科技	百度金融	2015	北京	https://jinrong.baidu.com/
	京东科技	2013	北京	http://jr.jd.com/
	陆金所	2011	上海	https://www.lu.com/
	蚂蚁金服	2014	杭州	http://www.antgroup.com/
	PINTEC（品钛）	2012	北京	http://www.pintec.com/
	微众银行	2014	深圳	http://www.webank.com
网络借贷、消费金融	狐狸金服	2014	北京	http://www.huli.com
	简普科技	2011	北京	jianpu.ai（融360 旗下，美国上市）
	马上消费金融	2015	重庆	http://www.msxf.com/
	钱包金服	2015	北京	www.qianbao.com
	闪银科技（Wetech）	2014	北京	http://www.wecash.net/
	我来贷（WeLab）	2013	深圳、香港	www.wolaidai.com
	点融	2012	上海	www.dianrong.com
	福佑卡车	2015	北京	https://www.fuyoukache.com/
	51 信用卡	2012	杭州	https://www.u51.com/
	量化派	2014	北京	http://www.quantgroup.cn
	宜人贷	2012	北京	http://www.yirendai.com/
大数据与人工智能	百分点	2009	北京	http://www.baifendian.com/
	百融金服	2014	北京	http://www.100credit.com/
	冰鉴科技	2015	上海	http://www.icekredit.com

第四章　中国 FinTech 总体发展状况

续表

类别	企业名称	成立年份	总部注册地	公司网址
大数据与人工智能	鼎复数据	2015	北京	http://www.dingfudata.com/
	风报	2016	上海	www.riskstorm.com
	金电联行	2007	北京	http://www.3golden.com/
	聚信立	2013	上海	http://www.juxinli.com/
	萨摩耶金服	2015	深圳	http://www.smyfinancial.com/
	数库	2009	上海	http://www.chinascope.com/
	斯睿德	2009	上海	http://www.riskraiders.com/
	算话征信	2014	上海	https://www.suanhua.org/
	腾云天下 TalkingData	2011	北京	https://www.talkingdata.com/
	天创信用	2015	北京	http://www.tcredit.com/
	天云大数据	2010	北京	http://www.beagledata.com/
	同盾科技	2013	杭州	https://www.tongdun.cn/
	通付盾	2011	苏州	https://www.tongfudun.com/
	通联数据	2013	上海	http://www.datayes.com/
	微众税银	2014	深圳	http://www.vzoom.com/

资料来源：根据毕马威 2017 *China Leading Fintech 50* 整理所得。

通过对上述 50 家中国金融科技企业"领头羊"进一步分析可以发现我国金融科技领域发展的更多细节，例如金融科技企业集中的细分领域、不同地区间的发展水平差异等。

图 4-3 展示了中国领先的 50 家金融科技企业所属业务领域。大数据与人工智能领域的金融科技公司最多（18 家），其次是网络借贷和消费金融类企业（11 家），这两类企业的数量都超过了电子支付类企业的数量（6 家），说明中国金融科技已经从传统的电子支付为主转向大数据和人工智能。以支付宝和微信支付为代表的中国电子支付领域被公认为走在世界的最前端；数量众多的大数据和人工智能类企业将进一步推动中国大数据和人工智能领域也走在世界最前端。

· 51 ·

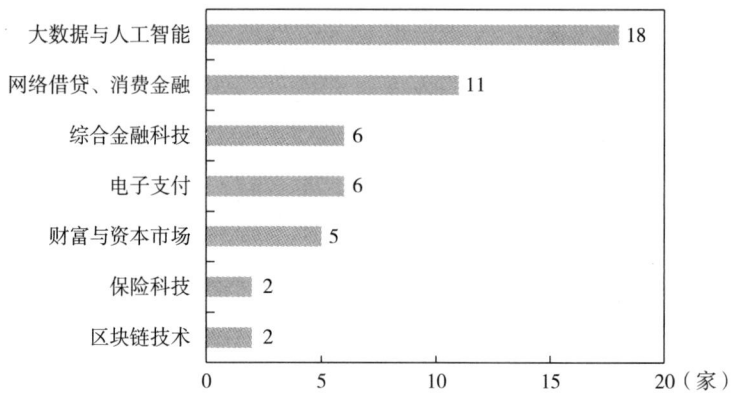

图4-3 中国金融科技企业领域及数量

中国金融科技领域的发展也存在明显的不平衡和地域差异,具体情况如图4-4所示。

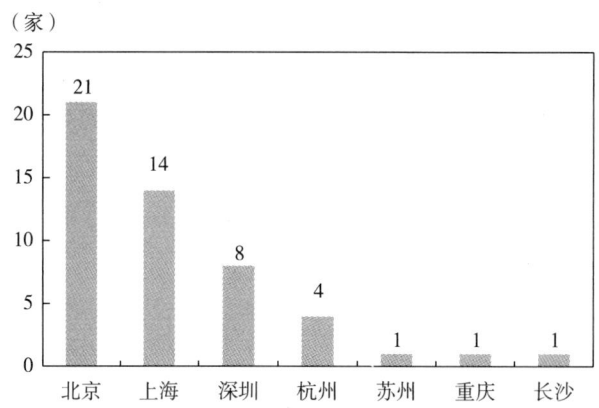

图4-4 中国领先50家金融科技企业的地域分布

可以看出,北京以21家企业的数量遥遥领先,比江、浙、沪加起来还要多;上海有14家企业进入前50,仅次于北京;深圳以8家企业的数量排在第三位。图4-4也表明,中国领先的金融科技企业主要分布在北京、上海和深圳,分布非常集中。另外,在二线城市中,杭州的表现非常亮眼,有4家金融科技企业,虽然数量上不及北上深,但规模上不可小觑,阿里巴巴的蚂蚁金服毫无疑问已成为科技行业"独角兽"。

从领先的50家金融科技企业成立年份可以大致看出我国金融科技发展的趋势,如图4-5所示。

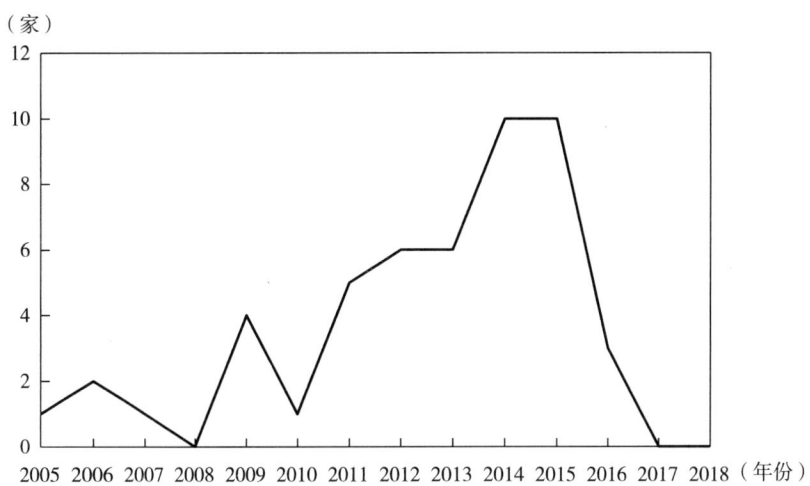

图4-5 中国领先50家金融科技企业的成立年份

可以看出,大多数的金融科技企业都是在2005~2015年的11年中成立的,这可能与2016年之后新创的金融科技企业还在成长之中有关,它们暂时还未能进入领先的50家金融科技企业行列。从人员结构上看,50家入围企业的从业人员的年龄都较为年轻,是他们敢于拼搏、积极进取的精神推动了这些新创金融科技公司的发展。当然,图4-4也许还意味着中国金融科技行业的版图已定,未来的新创公司将会面临更加激烈的竞争。

第五章 中国主要 FinTech 领域发展状况及趋势

第一节 网络支付

一、总体情况

根据美国商务部 2016 年发布的报告 *Financial Technology Top Markets Report*，中国的网络支付发展指数位居全球第一，超过了所有发达国家和其他发展中国家，其他国家依次为英国、德国、日本、法国、意大利、加拿大、韩国和澳大利亚。

中国网络支付行业的发展得益于中国电子商务市场的快速发展。中国人民银行统计数据显示，我国网络支付业务高速发展，我国第三方机构网络支付业务交易规模从 2011 年的 9 万亿元增长到 2017 年的 143 万亿元，年复合增长率为 98.5%。而根据中国互联网络信息中心 2008 年 6 月发布的《第 42 次中国互联网络发展状况统计报告》，截至 2018 年 6 月，我国网络支付用户规模达到 5.69 亿人，较 2017 年末增加 3783 万人，半年增长率为7.1%，使用比例由68.8%提升至71%。网络支付已成为我国网民使用比例较高的应用之一。近年来，网络支付用户规模一直呈现快速增长的态势，从2012年的2.2亿人增长到2018年上半年的近5.7亿人，其中2014~2015年增长最快，达到14.1%（见图5-1）。

图5-1　2012~2018年中国网络支付用户规模及使用率情况

资料来源：中国互联网络信息中心《第42次中国互联网络发展状况统计报告》。

总体上看，我国网络支付行业在用户规模、交易规模、商业模式等方面均已处于全球领先地位，在资本、技术、运营、业务发展战略等层面持续输出。

二、第三方支付公司发展及监管

伴随着网络支付交易量和用户规模的稳定增长，第三方支付公司的数量也开始趋于稳定。从2011年4月底签发首张支付牌照起，在6年半时间里，央行累计发放了271张支付牌照。截至2017年底，市场存量牌照仅剩余243张，其中2017年注销19张，9家公司因违规不予续展，10家公司由于业务合并被注销。根据网贷之家发布的第三方支付公司排名情况，其中前十大第三方支付公司如表5-1所示。

第五章 中国主要 FinTech 领域发展状况及趋势

表 5–1 中国第三方支付公司 Top 10

排名	名称	企业全称	注册地	成立年份
1	支付宝	蚂蚁小微金融服务集团有限公司	上海	2004
2	银联商务	银联商务股份有限公司（中国银联控股）	上海	2002
3	财付通	深圳市财付通科技有限公司	深圳	2005
4	快钱	快钱支付清算信息有限公司（万达旗下）	上海	2005
5	汇付天下	汇付天下有限公司	上海	2006
6	京东支付	京东集团	北京	2003
7	银联在线	上海银联电子支付服务有限公司	上海	2011
8	易付宝	南京苏宁易付宝网络科技有限公司	南京	2011
9	拉卡拉	拉卡拉支付股份有限公司	北京	2005
10	智付支付	智付电子支付有限公司	深圳	2007

资料来源：根据网贷之家发布的公开信息整理得到。

目前，移动网络支付市场呈现明显的寡头垄断局面。在线下消费使用手机支付的用户中，使用微信支付与支付宝的比例分别达到95.6%和78.1%，几乎共享移动支付用户群体。

网络支付行业的快速发展也带来了很多风险，很多支付机构创新能力不强，主要靠沉淀的客户备付金"吃利息"，甚至还有第三方支付机构为追求利润不择手段，例如挪用客户备付金、违反反洗钱规定等。2017年以来，随着金融"去杠杆"化的逐步推行，央行也加强了对网络支付行业的监管。2017年8月4日，央行支付清算司发布《关于将非银行支付机构网络支付业务由直连模式迁移至网联平台处理的通知》，要求自2018年6月30日起，支付机构受理的涉及银行账户的网络支付业务全部通过网联平台处理。2018年6月29日，中国人民银行网站发布了《中国人民银行办公厅关于支付机构客户备付金全部集中缴存有关事宜的通知》，规定自2018年7月9日起，按月逐步提高支付机构客户备付金集中缴存比例，到2019年1月14日实现100%集中缴存。至此，央行分三个阶段（20%、50%、100%），在不到两年的时间内,实现了第三方支付企业客户备付金的100%集中缴存,使网络支付领域的风险大为降低。

在未来发展趋势方面,我们认为,金融监管趋严已成常态化,监管模式越来越参照传统金融业,第三方支付公司野蛮生长的状态将一去不复返。对第三方支付公司而言,一方面,会造成第三方支付机构的盈利压力加大,第三方支付企业之间的竞争将不断加剧;另一方面,由于牌照获取难度升级,独立第三方支付公司将成为稀缺资源。对我国网络支付行业而言则更是利大于弊。一方面,金融监管趋严虽然在短期内会影响网络支付行业的发展速度,但风险降低会有利于整个行业的可持续发展;另一方面,从现金、刷卡、扫码,再到刷脸,支付边界逐渐消失,消费升级将持续为网络支付行业发展提供动力。不断加大的竞争压力也使只有那些真正拥有高新技术的企业才能生存,有利于企业在技术、模式、生态等方面不断升级,有利于行业的优胜劣汰,形成良好的生态环境。

第二节 消费金融与网络借贷

一、总体发展情况

作为一种金融服务方式,消费金融一般是指消费金融公司为消费者提供以消费为目的的贷款。狭义的消费金融贷款不包含购买房屋和汽车贷款。随着消费对于经济的贡献度逐渐增大,消费信贷对于经济发展的支撑作用也越来越明显。2015年以来,我国消费金融行业快速发展。

根据易观发布的《中国消费金融行业专题研究2018》,截至2017年末,我国狭义消费信贷市场规模(不包含住房贷款)已达到9.61万元,占 GDP 的比例为 12.08%,而同期美国的狭义消费信贷市场规模已达 24.98 万亿元,占 GDP 的比例为 20.05%。从数据上看,中国的消费信贷规模和美国相比仍然有很大的差距,这也意味着我国的消费信贷还有很大的发展空间(见图 5-2)。

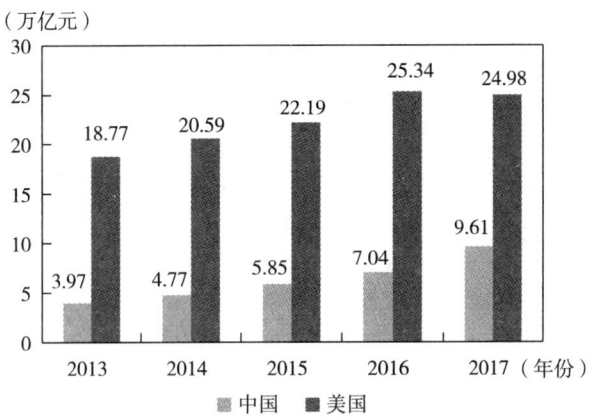

图 5-2 近年来中美消费信贷余额变化情况

资料来源:易观《中国消费金融行业专题研究 2018》。

图 5-3 所示为 2013~2017 年中美消费信贷 GDP 比例变化情况。

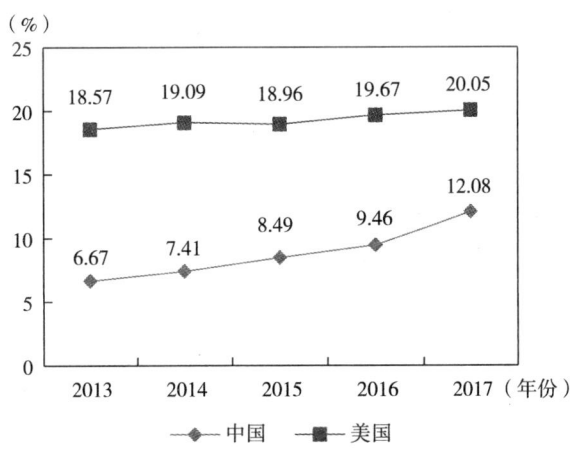

图 5-3 近年来中美消费信贷占 GDP 比例变化情况

资料来源:易观《中国消费金融行业专题研究 2018》。

二、传统发展模式及利弊

2017年以前,消费金融行业处于高速发展时期,监管当局对消费金融行业的监管比较宽松,消费金融企业根据业务模式可以分为四种类型:商业银行类、电商平台类、持牌消费金融公司,以及分期平台(见表5-2)。

表5-2 2017年以前我国消费金融主要模式

类别	企业	业务描述
商业银行	中国工商银行、中国建设银行、交通银行、浦发银行、招商银行、兴业银行、平安银行、中信银行	股份制商业银行及城商行依靠良好的服务和精准的定位在国有商业银行的包围中突围而出
电商系平台	蚂蚁金服、有钱花、百度金融、京东金融	电商巨头依靠消费场景及背后获客渠道取得优势
持牌消费金融公司	银行系:中银消费金融、杭银消费金融、北银消费金融 产业系:海尔消费金融、苏宁消费金融、马上消费金融	主要分银行主导和产业主导两大类,目前已有22家机构获批牌照
分期平台	会分期、斑马、人人贷、拍拍贷	在不同场景下,细分出了专注于消费金融垂直领域的分期平台

根据是否有实际消费场景,又可以将消费金融分为消费分期业务和现金贷业务。消费分期业务与具体的场景紧密结合,例如消费者购买了海尔电器,海尔消费金融公司为消费者提供的分期还款业务;现金贷业务并没有明确指向某类消费需求,是纯信用贷款。因为消费分期业务可以准确掌握用户借款用途,消费金融公司可以很好地控制风险。而现金贷业务由于很难把握用户的真实消费动机和消费需求,消费金融公司很难进行风控,导致其不良率要远远高于消费分期业务。

宽松的代价是消费金融公司多头借贷、过度授信等违规业务频出，尤其是当消费者无法偿还贷款时，现金贷公司往往采取暴力催收及公布裸照等侵犯个人隐私的行为，造成了恶劣的影响，最终引来了监管当局的强力监管。2017年12月1日，互联网金融风险专项整治工作领导小组办公室、P2P网络借贷风险专项整治工作领导小组办公室《关于规范整顿"现金贷"业务的通知》（整治办函〔2017〕141号）颁布实施，通知要求消费金融公司只能与持牌机构（小贷公司）合作放款，非持牌助贷机构只能提供纯技术服务，不能提供增信和兜底承诺。在141号文出台后，非持牌机构的激进放贷扩张被强力限制，持牌机构的先天优势开始凸显，消费金融行业进入2.0时代。

三、消费金融行业2.0：持牌时代

消费金融2.0时代是持牌金融机构在适度金融监管条件下进行竞争的时代。根据2013年修订后的《消费金融公司试点管理办法》，非金融企业作为消费金融公司主要出资人，应当具备下列条件：最近1年营业收入不低于300亿元人民币；最近1年年末净资产不低于资产总额的30%；最近2个会计年度连续盈利；承诺5年内不得转让所持有的消费金融公司股权等。实际上，这个标准相当高，以至于现在的大多数金融科技企业都达不到。再加上消费金融公司的设立基本遵照"一省一家"的原则，这意味着能申请消费金融牌照的企业会更少。这从目前京东、阿里巴巴、腾讯、百度四大互联网巨头都没能拿到消费金融牌照可见一斑，能获得消费金融牌照的企业大多都背靠央企或大银行，这也意味着消费金融行业内部竞争压力远远低于其他行业。

截至2018年10月，获批持牌的消费金融公司为28家，其中，捷信消费金融是唯一一家纯外资的持牌消费金融机构，厦门金美信消费金融有限公司成为首家获批的中外合资消费金融公司（见表5-3）。

表 5-3　28 家持牌消费金融公司

序号	企业名称	发起公司	注册资本	获牌时间	所属地区
1	中银消费金融	中国银行、百灵集团、陆家嘴金融、中银信用卡	5亿元	2010年1月6日	上海
2	北银消费金融	北京银行、桑坦消费金融、利时集团	3亿元	2010年1月6日	北京
3	锦程消费金融	成都银行、Hong Leong Bank Berhad	3.2亿元	2010年6月	成都
4	捷信消费金融	捷信集团	44亿元	2010年2月12日	天津
5	招联消费金融	永隆银行、中国联通	20亿元	2014年8月28日	深圳
6	兴业消费金融	兴业银行、泉州市商业总公司、福诚、特步	3亿元	2014年10月14日	泉州
7	海尔消费金融	海尔集团、红星美凯龙	5亿元	2014年12月3日	青岛
8	苏宁消费金融	苏宁云商、南京银行	3亿元	2014年12月11日	南京
9	湖北消费金融	湖北银行、TCL集团、武商集团、商联集团	3亿元	2014年12月16日	武汉
10	马上消费金融	重庆百货大楼、中关村科金技术、重庆银行	3亿元	2014年12月30日	重庆
11	中邮消费金融	中国邮政储蓄银行、DBS BANK LTD.、渤海国际	10亿元	2015年1月6日	广州
12	杭银消费金融	杭州银行、BBVA、海亮集团	5亿元	2015年7月7日	杭州
13	华融消费金融	华融资产、合肥百货大楼集团、深圳华强资产	6亿元	2015年10月23日	合肥
14	晋商消费金融	晋商银行、齐飞翔艺、天津宇信易诚	5亿元	2016年2月24日	太原
15	盛银消费金融	盛京银行、顺峰投资实业、大连德旭经贸	3月	2016年2月24日	沈阳
16	长银消费金融	长安银行、汇通诚信租赁、北京意德辰翔	3.6亿元	2016年6月16日	西安
17	哈银消费金融	哈尔滨银行、苏州同程软件、北京博升优势	5亿元	2016年9月13日	哈尔滨

续表

序号	企业名称	发起公司	注册资本	获牌时间	所属地区
18	尚诚消费金融	上海银行、携程	10亿元	2016年11月25日	上海
19	中原消费金融	中原银行、上海伊千网络信息技术有限公司	5亿元	2016年12月19日	郑州
20	包银消费金融	包商银行、深圳萨摩耶互联网、百中恒投资	3亿元	2016年12月21日	包头
21	长银五八消费金融	长沙银行、城市网邻、通程控股	3亿元	2016年12月27日	长沙
22	幸福消费金融	张家口银行、神州优车、蓝鲸控股集团	3亿元	2017年6月13日	石家庄
23	易生华通消费金融	吴江银行、海航旅游、珠海铧创、亨通集团、明珠集团	10亿元	2017年1月9日	珠海
24	厦门金美信消费金融	台湾"中国信托银行"、厦门金圆集团、国美控股	5亿	2018年5月5日	厦门
25	光大消费金融	光大银行、中青旅	10亿元	获批筹建	未披露
26	苏英凯基消费金融	江苏银行	6亿元	获批筹建	未披露
27	光明欧诺消费金融	法国欧诺银行、光明食品集团	未披露	获批筹建	未披露
28	中信消费金融	中信集团、中信信托、金蝶	3亿元	获批筹建	未披露

资料来源：根据公开资料整理。

从成立时间来看，持牌系消费金融公司数量增长十分缓慢，2011~2013年没有新批消费金融公司，其余年份以个位数的速度增长，可以看出银保监会审批较为严格，并且这些消费金融公司中有20家是由银行直接控股或参股，这也间接突出了消费金融牌照的含金量之高（见图5-4）。

从股东背景看，持牌消费金融机构都是"背靠大树好乘凉"。在28家持牌金融机构中，有24家是央企、国企或商业银行控股，占总量的九成以上。整个消费金融行业以银行系为主，非银行系的几家也都背靠巨头，例如四大资产管理公司之一的华融旗下的华融消费金融、

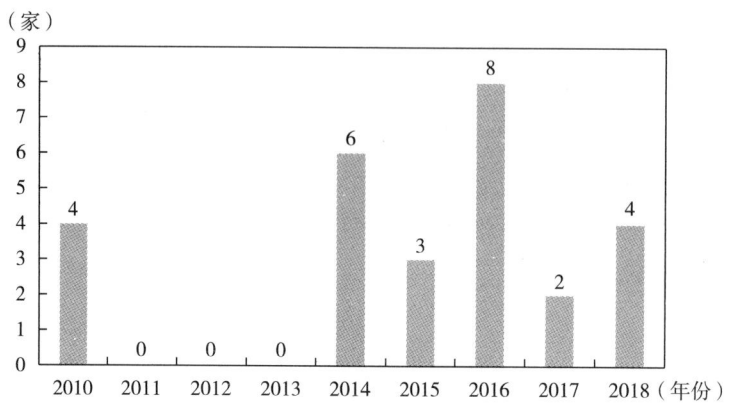

图 5-4　近年来持牌消费金融公司设立情况

资料来源：根据表 5-3 数据进行统计分析。

重庆百货控股的马上消费金融、民营电商巨头苏宁旗下的苏宁消费金融、海尔旗下的海尔消费金融等（见图 5-5）。

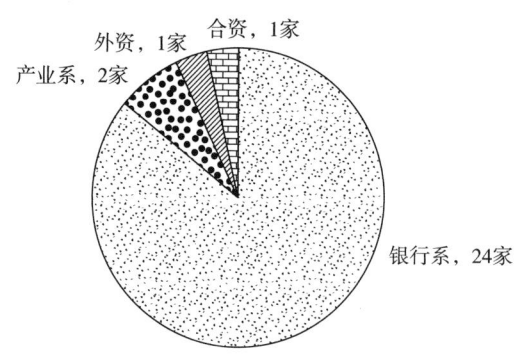

图 5-5　持牌消费金融公司股东背景

资料来源：根据表 5-3 数据进行统计分析。

值得注意的是，已经营业的 24 家消费金融公司在经营业绩上差异较大。根据 2017 年年报，净利润超过 10 亿元的消费金融公司共有三家，分别为中银消费金融净利润 13.75 亿元、捷信消费金融净利润 10.22 亿元、招联消费金融净利润 11.89 亿元。在总资产规模上，捷信、招联消费和中银消费分别为 878.8 亿元、469.8 亿元和 397.91 亿元。有 5 家持牌消费金融公司业绩亏损，亏损占比高达 26%。

消费金融 2.0 时代刚刚开始，随着网络支付的进一步普及和网络借贷的进一步发展，消费金融领域发展潜力巨大。由于消费金融领域门槛较高，持牌消费金融公司具有巨大的优势，如何借助大数据、云计算、人工智能及区块链等新兴金融科技降低获客成本、提高风控水平考验着各家持牌消费金融公司。

第三节　开放银行

开放银行及其背后的金融数据共享正在引发金融行业的大变革。普华永道的研究报告 *Global Fintech Report 2017* 预测，未来 3~5 年内银行业最大的发展趋势就是和金融科技公司展开深度合作。著名金融科技公司 LendIt Fintech 2018 年 10 月发布的开放银行白皮书 *The State of Open Banking 2018* 显示，开放银行是传统商业银行发展的必经之路。

数据是金融科技生态系统中最为基础、最为重要的资源，但数据在金融机构、科技企业和政府部门之间是割裂的，这种状况严重制约了金融科技的发展。打破这种数据割裂的局面的方法之一是推行"开放银行"计划。开放银行是银行服务用户模式的重大变革，是指银行通过应用程序编程接口（Application Programming Interface，API）向用户提供数据服务，实现银行与第三方之间数据共享。银行通过开放 API 接口，使外部用户在无须访问源码或理解内部工作机制的细节的条件下获取金融机构的相关数据，这是用技术手段实现了金融数据的共享。从本质上讲，开放银行是一种平台化商业模式，通过与商业生态系统共享数据、算法、交易、流程和其他业务功能，为商业生态系统的客户、员工、第三方开发者、金融科技公司、供应商和其他合作伙伴提供服务，使银行创造出新的价值，构建新的核心能力。

开放银行战略也是金融科技3.0时代银行业面对科技企业进入的重要竞争策略之一，银行通过开放自身的数据端口，吸引外部合作机构加入其中，聚合各消费场景，为消费者提供"一站式"服务。银行在这样做的同时，也为自己带来了客户流、信息流、利润流，随着各行"开放银行"平台的陆续搭建，新创金融科技企业的生存空间将进一步收窄。

2014年6月，开放数据研究所（ODI）等机构受英国政府委托，研究了银行将客户数据与第三方共享可能带来的影响，课题组认为开发银行战略对银行、金融科技公司及用户都有利。此项研究也成了英国政府推进开放银行战略的重要理论支撑。2015年9月，英国财政部成立了开放银行工作组（OBWG），专门研究如何使用数据以帮助人们开展金融业务；2015年底，英国发布《开放银行标准》，成为英国推进金融科技战略的重要里程碑，也为英国成为世界第一的金融科技中心奠定了坚实的基础。包括汇丰银行在内的9家机构已于2018年1月13日起共享彼此数据。

开发银行战略得到了其他发达国家的积极响应。2015年，欧盟颁布了第二代支付服务法令（PSD2）并要求成员国在2018年1月13日正式生效，该法令强制要求银行向第三方机构开放支付接口，以打造支付领域的全欧盟单一市场。2017年10月，美国消费者金融保护局（CFPB）发布金融数据共享九条指导意见，为银行向第三方共享数据时可能引发的各种问题提供了指引。

自2018年下半年以来，开放银行概念在我国呈现引爆之势，股份银行与国有银行加快了开放银行转型步伐。根据公开披露的信息，2018年7月以来，浦发银行、中国建设银行和招商银行已陆续建立各自的"开放银行"。2018年7月12日，浦发银行在北京正式推出业内首个"API Bank"无界开放银行，称其为"打造一流数字生态银行"

战略的重要举措。一个月之后，8月25日，建设银行的开放银行管理平台正式上线，建行的说法是，这一举措响应了发展金融科技、构建生态体系的战略，也打开了核心业务对外输出的大门。紧接着，9月17日，招商银行宣布正式上线两款迭代产品，由卡片经营全面转向APP经营。招商银行将开放用户和支付体系，通过API、H5和APP跳转等连接方式，实现金融和生活场景的衔接。在2018年8月末披露的中期业绩报告中，中国工商银行提出了全面实施e-ICBC 3.0互联网金融发展战略，推进传统金融服务的智能化改造，向服务无所不在的"身边银行"、创新无所不包的"开放银行"、应用无所不能的"智慧银行"转型。2018年9月16日，中国建设银行信息总监金磐石在中国银行家论坛上称要将包括商业银行、租赁、保险、基金等集团业务的功能和数据能力，以服务的方式向社会开放，并计划到2019年2月对外开放所有的银行服务功能。

开放银行战略在中国刚刚起步，还面临着不少困难。首先是如何制定统一的API标准。大型银行的数据和中小银行的数据量是不对等的，因此部分大银行在数据开放方面过于保守。解决这一问题需要制定开放银行的数据共享标准，政府应当在这一领域发挥作用。2015年11月，欧洲议会和欧盟理事会在修正后的付款服务指令（PSD2）中要求欧元区内各国银行必须在2018年1月13日之前将客户数据以API的形式开放给第三方机构。英国竞争和市场管理局（CMA）于2016年提出了一套银行改革措施，要求大不列颠和北爱尔兰市场份额最大的9家银行建立、采用统一的API标准。其他国家如美国、澳大利亚、新加坡等，也都在积极主动地制定类似规定，以促进银行与第三方之间的有效协作。其次是如何保证数据在传输过程中的安全，不致产生数据泄露。即便在美国这样的发达国家，近年来也发生过多起数据泄露事件。例如，2017年，美国信用机构Equifax约1.45亿名用户的社保号码等敏感数据泄露，雅虎30亿名用户账号信息均遭窃取，

Facebook还因为数据泄露问题不得不去美国国会接受质询。对于我国这样的发展中国家来说,数据安全问题必须受到足够重视。银行开放API端口之后可能会使数据安全变得更加脆弱,一台设备(手机、iPad等)沦陷就可能导致相关联的个人所有数据泄密。总之,推进开放银行战略需要政府统筹规划,稳步推进。

第四节 保险科技

一、保险科技行业融资状况

根据清华大学五道口金融学院发布的《2017年中国保险科技行业融资报告》,2017年全球保险科技公司的融资金额达到了23亿美元(145.4亿元人民币),同比增长35.3%。同年,中国保险科技行业发生43起融资,总额达16.08亿元人民币(不包含上市公司)(见图5-6)。

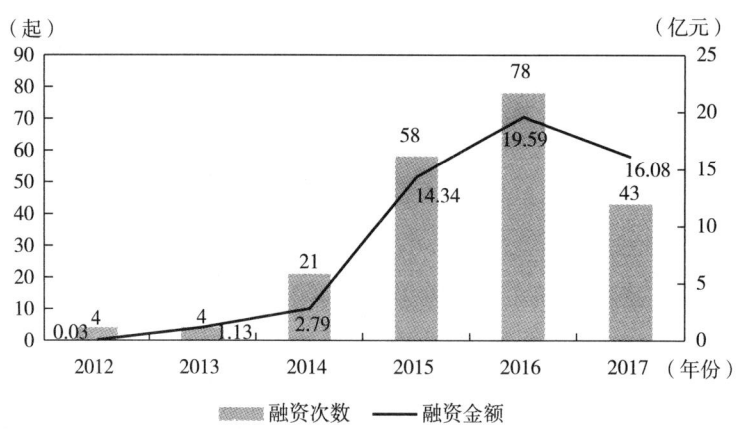

图5-6 近年来保险科技企业融资次数和融资金额情况

资料来源:清华大学五道口金融学院《2017年中国保险科技投融资报告》。

虽然全行业的企业融资数和总金额有所下降,但大额融资事件的数量较 2016 年增多,总额超过 1 亿元的融资数量从 2016 年的 6 起上升到 2017 年的 8 起。2017 年保险科技行业融资总额下降部分是由于保险监管趋严造成了企业风险偏好下降,但这为保险科技行业未来发展奠定了坚实的基础。从各家保险科技公司的融资额来看,众安在线成功 IPO,以 175 亿元人民币的融资额遥遥领先于其他保险科技公司(见图 5-7)。

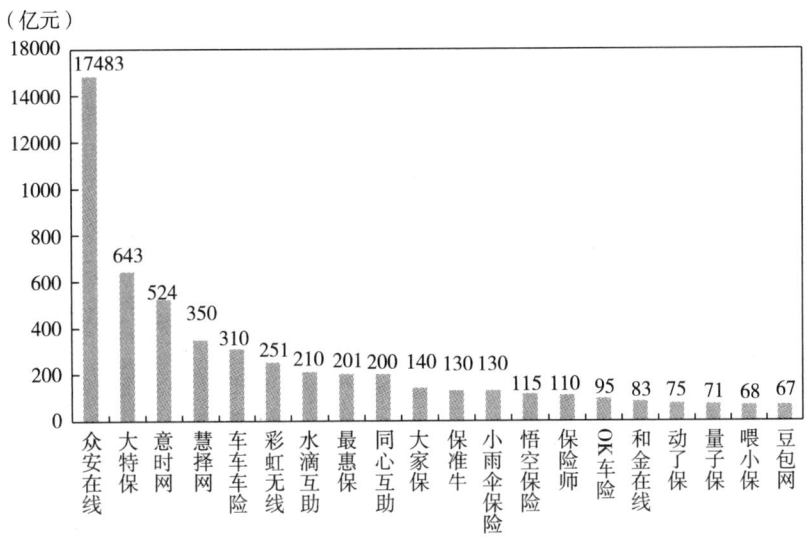

图 5-7　2017 年保险科技企业融资排名

资料来源:清华大学五道口金融学院《2017 年中国保险科技投融资报告》。

保险科技是我国金融科技领域中发展比较快的细分行业,已经形成了相对完善的生态系统,在 2A、2B、2C 等细分行业中,都具有相当数量的保险科技企业。表 5-4 对我国保险科技领域内的相关企业根据业务模式进行了分类,从表中可以看出,我国保险科技的各个细分领域已经诞生了数量众多的企业,基本格局已经形成。

表 5-4 保险科技主要细分行业及企业

模式	业务描述	保险科技企业名称
保险商	互联网保险公司	众安保险、泰康在线、易安保险、安心保险
2A	经纪人展业工具	保险师、腾保保险、超级圆桌、e家保险、最惠保
2B	场景端	保准牛、量子保、豆沙包、首席骑行官
		豆包网、保险极客、企保360、社保通
	赋能保险公司	OK车险、四叶草、彩虹无线、斑马行车、里程保
		和金在线、栈略数据、凯泰铭、亿保创元
		易保云、百可录、十一贝
2C	综合销售平台	意时网、慧择网、喂小保、新一站
	比价销售平台	车车车险、唯数、车险无忧
	管理型总代理	大特保、悟空保、小雨伞
	网络互助平台	水滴互助、17互助、蜂巢互助、同心互助
	保单管理	保险带带、豆芽金服
	智能投保	蜗牛保险医院、灵智优诺、全民小保镖

二、保险科技行业发展的新特征

保险科技行业发展的新特征如下：

（1）监管趋严成为常态。2018年3月，国务院对银监会、保监会进行改组，合并组建中国银行保险监督管理委员会，旨在解决现行体制存在的监管职责不清晰、交叉监管和监管空白等问题。

（2）传统保险公司和金融科技公司合作意愿明显加强。随着监管趋严和金融"去杠杆"的持续进行，传统保险公司和金融科技公司逐渐开始认识到双方必须加强合作。2018年7月24日，银保监会批准安联财险注册资本从8.05亿元增至16.1亿元，其中京东通过北京京东叁佰陆拾度电子商务有限公司认购安联财险新增注册资本中的4.83亿元资金，获得其30%的股份，成为安联财险第二大股东。2018年9月12日，众安在线宣布与宝宝树、复星集团成立合资公司，以一站式家庭金融服务平台"小家金服"的新品牌，共同为年轻家庭人群提供定制化的金融产品与服务。

（3）科技赋能保险的进程开始加速。各种新技术加速应用到商业、家庭、车辆等领域或对象。例如，2018年5月8日，蚂蚁金服发布定损宝2.0版本，将图像识别升级成准确率更高的视频识别，将开放技术平台从与保险公司一对一理赔系统对接升级成未来保险公司可自助接入定损宝。7月19日，蚂蚁金服宣布完成国内保险业首笔无人工干预的全流程AI（人工智能）快赔。通过蚂蚁保险提供的"全流程AI快赔"服务，用户申请保险赔付时，自己拍照上传资料，识别、审核、赔付等全程无人工干预，全部由AI自动处理，将传统平均49小时的理赔处理时间缩短到"秒级"。8月8日，众安保险全资子公司众安科技上线国内首个商保端SaaS服务平台（Software-as-a-Service）——"商保智能开放平台"，该平台通过SaaS化部署帮助商保公司实现无须系统对接即可获得医疗数据查询、直连理赔、商保调查等服务，实现快速理赔操作，提升理赔效率，节约运营成本。

麦肯锡保险咨询业务2018年7月发布的报告《保险2030：人工智能将如何改写保险业》预测，由人工智能驱动的四种核心技术（互联设备的数据大爆炸、机器人将越来越流行、开源与数据生态系统、认知技术的进步）将会在未来十年重塑保险行业。

第五节 "双创"与金融科技

2014年9月，李克强总理在夏季达沃斯论坛开幕式上首次提出"掀起大众创业、草根创业的新浪潮，形成万众创新、人人创新的新态势"；2015年1月4日，李克强总理在深圳考察柴火创客空间后指出，

"大众创业、万众创新"将会成为中国经济未来增长的不熄引擎。许多案例表明,对创新创业者来说,融资问题是创新创业的重要瓶颈之一,而我国非金融企业的融资结构为70%以上来源于间接融资,以银行为代表的间接融资机构是严重风险厌恶的,一般来说都需要以良好的资产作为抵押,而刚成立的创新创业企业一般难以具备足够的可抵押资产,因此绝大多数创新创业企业都无法从银行获得贷款。金融科技可以通过大数据、区块链及人工智能等手段有效地消除融资方双方之间的信息不对称问题,从而可以为创新创业企业提供可行的融资途径和方式,因此政府应当创造条件将"双创"和金融科技紧密结合起来,实现互相促进、共同发展。

众创空间是我国推动大众创业、万众创新的载体,可分为两种类型:企业主导的众创空间及政府和高校主导的众创空间。根据我们的调研,融资问题一直是困扰这两类众创空间发展的主要问题之一。

案例:腾讯开放平台

腾讯开放平台(官网:http://open.qq.com/)是腾讯公司积极利用众创来提高自身创新能力的重要措施。和其他众创空间的不同之处在于,大多数的众创空间只是一个平台,平台的组建者往往是非营利组织,自身并没有创新需求,而腾讯开放平台很好地将自身的创新需求和众创空间创业者的创新需求相结合,以"大众创业、万众创新"为契机,将自身核心资源开放给创业者,再通过创业者的成长获得腾讯自身的成长。在经历了初创期(开放战略1.0)、发展期(开放战略2.0)之后,目前已经逐渐形成了集创新、创业、投融资服务等功能为一体的众创空间综合体,腾讯官方最新的发展阶段称为"开放战略3.0",已基本形成具有良好氛围、可持续发展的双创生态系统。

开放战略 1.0 时期：

腾讯从 2010 年开始筹备开放平台，于 2011 年 6 月 15 日在北京正式上线。早期的腾讯开放平台类似于 Apple Store，主要为用户提供基础服务，通过开放自身的接口，使第三方开发者通过运用和组装平台接口来开发新应用，并将该应用在平台上运营，通过将众多开发者集合在平台上，能够有效整合知识与资源，提升企业和平台的价值。与 Apple Store 类似，腾讯开放平台 1.0 通过自身与开发者的互利互惠，提升开发者的创新积极性，从而推动整体互联网产业的创新升级，在开发、运营、推广、变现这一系统流程的各环节上为开发者提供各方面的支持，为创业者提供全流程、全方位、立体化的平台环境。

在腾讯开放平台的初创阶段，参与者间的高度信任极其重要，为了吸引开发者加入，最重要的是参与者之间能够互信互助，创新的方法和经验能够共享与传承。因此，腾讯开放平台在发展初期致力于构建平台参与者之间的信任与沟通机制，设计了更加深入、广泛的知识交流方式，包括开放体系的建立及创业基地的建设等。

开放战略 2.0 时期：

经过了两三年的发展，腾讯开放平台进入 2.0 阶段，着力整合社会的力量，整合创投的联盟，把线下的加速和线上的扶持全部合为一体。根据创业者的需求，联合地方政府、运营商、第三方服务机构等合作伙伴及多方社会资源，从软、硬件等多方面打造更好的线上、线下创业环境，为中小微企业和创业者提供全方位服务的立体化孵化加速器。据腾讯开放平台总经理侯晓楠介绍，截止到 2015 年 4 月，腾讯给合作伙伴分成的总收入达到了 100 亿元，现在已经上市的，包括计划上市的公司超过了 20 家。腾讯还介入了平台企业的投融资活动，在产业布局当中投资了非常多的企业，同时跟国内非常知名的 VC、PE、天使投资人一起整合了超过 1000 亿元的资本，对初创企业的融资遍及

A 轮、B 轮、C 轮，直至上市，这些资金有力地助力了许许多多的开发者。

在发展期和成熟期，开放平台设计了一系列的活动，如供开发者、平台与投资人之间进行面对面分享的平台开放沙龙、向创业者开放腾讯公司在发展过程中积淀的产品经验和能力的培训课程、面向校园创新创业的帮扶计划、帮助开发者发布新品的开放日，以及记录开发者创业历程和核心能力发布的品牌载体等。同时，在活动的地域分布上，该开放系列活动的开展涉及北京、上海、成都、广州、杭州等多个地区，每年的活动开展频率也很高。总之，开放平台为优秀开发者、投资人、用户之间提供了畅通、有效的交流途径，随着活动的持续开展，参与者对平台的认同度逐渐增加，参与者与平台之间的关系也变得更加紧密。

开放战略 3.0 时期：

腾讯的开放平台 3.0 已发展成为全要素众创空间，基本形成创新的生态系统。3.0 阶段主要聚焦于三方面：第一，打造创新生态，推动行业升级。腾讯公司拥有多个大型互联网生态系统，腾讯众创空间具备流量加速、开放支持、创业承载、教育培训和辐射带动等能力，以"创新创业孵化＋企业转型孵化＋产业演进孵化"的思路，开辟互联网时代众创空间的新模式。第二，开放核心资源，包括线上资源和线下资源，来帮扶企业发展腾讯众创空间。线上资源包括腾讯的核心应用平台、内容平台、能力平台，创业者可以从中获得海量用户、开发接口、技术能力、产品推广、流量等互联网资源。线下资源主要是在开放平台 2.0 的基础上进一步联合社会力量（政府、运营商、创投机构、产业联盟、高校机构等），在全国各大城市集中面向移动互联网为主的相关产业的创客、创新创业团体提供包含工作空间、网络空间、交流空间和资源共享空间等在内的各类创业场所，为创业者提供低成本、便利化、全要素的创业服务平台，入驻腾讯众创空间的创业者有机会获得线下的物理空间、政策、补贴等服务支持。第三，推动持续创新，激发创业者的创新动力，这是保障创新生态系统可持续发展的必要条件。为实现这一目标，腾讯公司推动创新创业加速进行，以加速促创新，同时，在开放的环境中通过合作、投资等途径吸收不同的思想观点，扩展视野，提高腾讯自身的创新能力。在持续创新的过程中，创新生态的主体能够协作互补、共生共赢，实现经济增长和财富增长。通过这三方面的措施，一个充满活力的创新生态系统已经基本形成（见图5-8）。

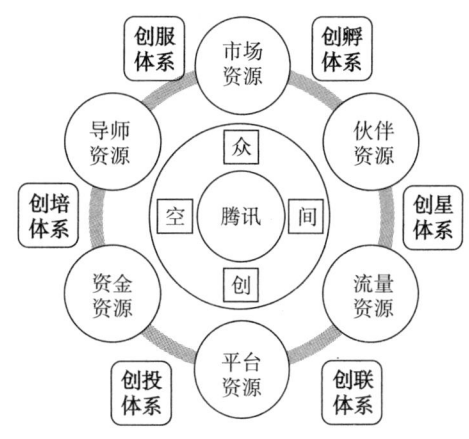

图5-8 腾讯利用众创空间组织结构

腾讯开放平台3.0的创新生态系统需要与之相适应的全要素的"双创"服务体系才能良好运转。众创空间依托这些"双创"服务体系，为创业者提供立体化全要素线上及线下孵化空间，再借助腾讯及合作伙伴的互联网资源优势，充分和国际接轨，为培养、孵化创业者营造了良好的创业氛围。通过六大服务体系，充分利用企业内外部六大资源，极大地提高了"双创"的效率，然后通过入股和资金注入的方式分享成功的"双创"带来的收益，这种模式既可以增加自身的利润,又能在全社会培育"双创"的氛围,为企业未来提供持续的创新能力和源源不断的利润增长点。

开放平台3.0非常注重发挥六大服务体系和六大战略资源之间的协同作用。创孵体系是腾讯众创空间的载体和办公服务体系,为创业企业提供线下物理办公环境。线下创业园区内部整体设计和办公氛围采用轻松、自由、活跃的格调,让互联网创业团队能尽情发挥创新思路并通过自由开放的讨论和不定期的行业、高校研讨会进行思想的碰撞与交流,从而不断完善自身的产品建设。这种线下物理办公环境本身也是一个非常完整的体系,可以称之为办公生活一体化的"双创"基地,避免了传统众创空间沦为解决办公问题的物理工作空间的弊病。腾讯的线下创业园包括覆盖各行业的联合办公区间、配套会议室、中型培训教室,设置胶囊公寓、洗浴、洗衣、健身等,为创业团队提供全生命周期承载。众创空间包括专门的投资机构空间、商业服务空间及加速器空间等,投资机构空间大大方便了创业团队的投融资活动,商业服务空间主要提供互联网+新商业业态服务,如互联网智能餐饮、O2O体验店等服务,而加速器空间可面向A轮、B轮以后的创业团队进行加速,支持"办公室+实验室"模式。这样的"双创"基地中,创业与生活不再是对立存在,"双创"基地将集创业办公服务、产业科技园区、居住生活于一体,成为更有效的创业形态,有效地发挥创新创业的规模效应、集聚效应和协同效应。

除了企业主导的众创空间之外,还有政府和高校主导的众创空间,在我国有一些省份的教育局甚至要求辖区内的每一所高校都要成立众创空间。根据我们的调研,数目众多、层次不一的高校空间的主要发展瓶颈之一就是资金来源不具备持续性。以上海交通大学"双创"教育基地"零号湾"为例,"零号湾"全称为"上海零号湾创业投资有限公司"(以下简称"零号湾"),是由上海交通大学、闵行区人民政府和上海地产（集团）有限公司于2015年4月共同发起成立。三方各自发挥自己的优势，上海交通大学发挥创业领域引领作用，吸引国内外高校毕业生创业团队，筹建"创投导师库"与"创业导师团"，推动创新创业体系的建设与完善，凝聚优质创业基金、创业培育机构入驻园区。闵行区政府则主要为入驻企业提供相应的政策扶持，完善周边配套设施建设，系统规划创业集聚区周围园区用地属性。为此，闵行区政府专门为"零号湾"提供500万元的创业苗圃基金。上海地产集团则发挥地产建设及企业运营优势，出资共建运营平台，牵头硬件及配套设施建设，协同进行用地规划与改建，投资相关创业项目，承接集聚区成熟企业。虽然"零号湾"取得了很好的成绩，但也存在不少问题，由闵行区政府提供的500万元创业苗圃基金总有用完那一天，同时也给闵行区政府带来了不少财政资金压力。如果能够与当下蓬勃发展的金融科技相结合，则既可能消除限制正常空间发展的瓶颈问题，也有利于推动金融科技自身的发展，获得双赢的结果。下面的案例总结了美国著名高校的众创空间发展思路和经验。

案例：美国加州大学 CITRIS 中心

一、成立的背景与使命

UC CITRIS（UC Center for Information Technology Research in the Interest of Society）全称为加利福尼亚大学社会利益信息技术研究中心，成立于2001年，由加州政府和立法机构投资创办，是加利福尼亚大学科学和创新四大跨学科研究所之一。CITRIS给自己确定的使命是为人类最紧迫的挑战提供信息技术解决方案。为了实现其使命，CITRIS利用了多个UC校园的跨学科研究实力，推动加州大学的使命和加州的创新精神，缩短世界级实验室研究与尖端应用、平台、公司甚至新兴行业发展之间的渠道。

二、模式及运行机制

CITRIS虽然称为研究中心，但它明显不同于传统的高校学术研究中心，而是集科研、创新、创业、融资等为一体的发明生态系统，类似于我国的综合性众创空间。CITRIS发明生态系统包括竞争性种子资金、CITRIS发明实验室、Marvell纳米加工实验室、专业测试平台、CITRIS民生APP实验室和CITRIS铸造启动加速器，涵盖了从概念到原型之间的各个环节。

竞争性种子基金的来源有联邦和州政府部门及私人企业，包括国家科学基金会、美国国立卫生研究院、英特尔、微软、梅隆基金会和比尔·梅琳达·盖茨基金会等。2017核心CITRIS种子基金的资助范围主要是互联社区、健康、人和机器人，以及可持续基础设施等，每个项目1万到6万美元不等，基金的资助总额为55万美元。

CITRIS发明实验室是一个现场快速原型和包装实验室，与Marvell纳米加工实验室一起，为所有研究人员提供了一个独特的机会，实验室对学生、教职员工和工作人员的整个校园社区开放，研究人员可以在这里创建、生产和打包可以测试并最终投放给潜在用户、客户和投资者的原型。发明实验室位于加州大学伯克利分校的Sutardja Dai Hall一楼，面积约158平方米，具有三大功能：

（1）学习：研究人员教授有关互动产品设计和原型的工程和新媒体课程。

（2）构建：实验室提供了一整套工具、技术支持和制造服务，用于创建功能原型。

（3）启动：实验室通过为CITRIS Foundry启动加速器程序提供工作空间来促进将概念和想法转化为新的业务。

发明实验室中的设备非常全面，像规格的3D打印机、激光切割机、CAD图形工作站、钳工工具、电子产品工作台及一些电子设备等是标配,可以说包括一系列传统原型设备,从基础工艺工具到原型加工过程中的各种设备都完全配备。CITRIS 的创立者将从研究人员的创新思想,经过 CITRIS 实验室再到世界各地这一过程称为"创新通道",而这些设施正是这一"创新通道"的重要组成部分。

图 5-9　CITRIS 发明实验室设备一览

资料来源:CITRIS 官方网站,http://invent.citris-uc.org/equipment/。

除此之外,CITRIS 发明实验室还提供相关知识和算法工具来支持教师、学生和社区创新,从而快速设计和构建他们的想法。主要课程包括 CS294-84(交互式装置设计)和 NM290(批判性制作),课程设计主要针对若干开放选题,通过团队讨论和合作,利用开源软硬件搭建产品原型,快速实现创意。

目前,CITRIS发明实验室已经成功创立的项目包括嵌入式感应系统、集成移动设备、可穿戴技术、响应式架构、连接的神器,以及超越。发明实验室还专门为学生设立了社会福利科技计划项目等,这些项目可以为本科生、研究生及博士后的学生提供资金支持和软硬件开发,资助领域主要是支持与健康相关的可持续研究项目。

三、示范性项目

CITRIS还有一个著名的"民生APP实验室",该实验室旨在通过鼓励跨学科合作及全民参与来创建移动和网络应用APP为重大社会问题提供众创解决方案。为了提升学生创新能力、职业生涯规划能力及为社区服务的精神,CITRIS民生APP实验室每学期都会组织一次最佳APP竞赛,APP的应用领域涉及健康、能源与气候、灾害应对与响应、公民参与和教育方面的需求。

例如,CITRIS"民生APP实验室"目前正在开发一个叫"社会福利数据:选举运动和综合选民参与"的项目,这是专门针对美国民众的选举参与率低而设计的一项提升民众选举参与率的研究,由加州大学伯克利分校教育与政治学教授莉萨·加西亚·贝多尔拉(Lisa García Bedolla)担任首席研究员,该项目将为加州选民开发一个新的开放源代码数据系统(数据社会福利,DSG),以最大化公民选举参与度。

另一项民生APP项目"交互式城市灯光系统"则是由美国圣莱昂德罗市(the city of San Leandro)政府与加州大学伯克利分校之间进行合作,通过收集经常被忽视的有关人类活动的数据并加以利用,来改进城市灯光系统以增加行人安全性的示范性项目。CITRIS为此项目开发了一个名为"Sensing Cityscapes"的课程,该课程将各个领域的学生召集在一起,不仅包括来自城市规划、工程和建筑学的学生,而且包括来自人文学科、认知科学、艺术、公共卫生和表演研究等学科的学生。该项目目前已经走出实验室,安装在圣莱昂德罗市的街道上,这种响应式照明系统正在发挥积极作用,通过提醒行人注意而增加了行人的安全性。

四、主要贡献及经验

CITRIS工程师和研究人员来自加州大学医药、公共健康、法律、社会科学等不同学院,与行业、政府机构和国际合作伙伴合作,研究领域包括高质量卫生保健、智能基础设施(水资源、交通、城市)、稳定可持续能源的信息技术、数据与民主政治等。CITRIS的重要贡献包括建立了加州远程保健网络,开发了太平洋研究平台,创建了加州报告卡(California Report Card)公民参与平台。

根据《CITRIS影响报告:2014—2015》,研究中心自2001年成立以来,已经诞生了60多家高科技创业企业。目前,跨学科研究吸引了大量开创性的教师、学生、企业合作伙伴和公民机构参与,也吸引了大型企业和基金会的注意,平均每个从加州大学校长办公室获得400万~500万美元的项目可以吸引8000万~9500万美元的外部研究经费支持,乘数为18.5。

CITRIS模式对中国高校众创空间来说最大的借鉴意义在于,一方面,能有效地将政府、高校、企业及基金会联结在一起,共同提升社会创新能力;另一方面,能有效地组织跨多门学科的研究团队进行实质性的科研协作。通过这两个层次的协作,CITRIS大大缩减了从高校学术研究到真实世界模型之间的距离。

除CITRIS之外,美国还有众多优秀的高校众创空间,如MIT Fab Lab、MIT Media Lab、Stanford D. School等。从创立的过程、资金来源、主要贡献等方面来看,国际一流高校的众创空间各有特色,但也有很多共同之处,可以为我国高校建立众创空间提供很好的借鉴作用,表5-5总结了几个代表性国际一流高校众创空间的模式和运行机制。

表 5-5 国际一流高校众创空间特征

名称	创立者	使命或口号	资金来源	团队	主要贡献	示范案例
MIT Fab Lab	Neil Gershenfeld 教授	How to Make (Almost) Anything	美国国家科学基金 1375 万美元	跨学科，本硕博	助推了全球创客的浪潮	为鹦鹉制作的网络浏览器
MIT Media Lab	Nicholas Negroponte 教授和肯尼迪总统科学顾问 Jerome Wiesner	Design technologies for people to create a better future	每年的运行经费约 6500 万美元，来自 80 多个联盟会员资助（如微软、谷歌等大企业）	跨学科，本硕博	27 个研究团队，共发起了超过 450 个研究，成立了超过 150 家新创企业	电子墨水、NEXI 类人机器人、Scratch 图形化编程语言、玩具式学习工具
UC CITRIS	加州政府和立法机构	Create information technology solutions for society's most pressing challenges	由联邦和州政府部门及私人企业共同成立竞争性种子基金	跨学科，本硕博	加州远程保健网络、太平洋研究平台、加州报告卡公民参与平台、超过 60 家新创企业	社会福利数据：选举运动和综合选民参与、交互式城市灯光系统
Stanford D. School	Stanford 大学	Use design to make change where you are	Stanford 大学	跨学科，本硕博	用"设计思维"(Design Thinking) 培养学生如何产生创造性解决方案	斯坦福 2025 K12 实验室网络
UMV Think Lab	辛普森图书馆	向全校师生提供各种新兴技术和工具	玛丽华盛顿大学	跨学科，本硕博	创立了"图书馆+众创空间"模式	UMW Keychains，3D 实验室

从资金来源上看，美国的众创空间资金来源方式多种多样，既有政府资助的，又有高校自主筹措的，还有企业界的自助。相对来讲，中国的高校众创空间资金来源主要依赖于政府拨款，渠道比较单一，也不具备可持续性，未来应该利用金融科技拓宽资金来源渠道，同时

也可以让更多的企业和个人获得创新创业的价值增值。

在"双创"和金融科技互相融合、互相促进方面，深圳做了很多有意义的尝试，也取得了令人瞩目的效果。为解决创业企业"融资难""融资贵""融资繁"问题，深圳市金融办很早就牵头搭建了创业创新金融服务平台，为不同发展阶段的科技型企业提供融资、咨询、政策支撑等一站式服务。2017年初，深圳市金融办出台了更详细、更明确的制度性文件《深圳市扶持金融业发展若干措施》，并在2018年根据运行情况和运行中所出现的问题进行了修订。政府通过贴保贴息、风险代偿、风险补偿三大政策，为高新科技企业提供包括债权、股权、科技保险、科技租赁等多种融资模式的全方位融资支持，这是越来越多的科技创新企业如迈瑞、金蝶、大疆等集聚深圳的重要原因之一。

第六章 上海建设全球 FinTech 中心的必要性和可行性

第一节 上海 FinTech 发展总体状况

2017年4月,全球 FinTech 中心联盟与德勤公司联合发布了关于全球新兴 FinTech 中心的分析报告《连接全球 FinTech:2017年临时中心评估报告》,根据六类因素(监管、外国新创企业数量、与消费者的接近度、与专家的接近度、创新文化、政府支持)对44个不同的城市进行了详细分析,在2016年报告所涵盖的20个中心的基础上又增加了24个中心。

根据指数表现得分,伦敦、新加坡和纽约排名前三。英国是首个把自己作为金融创新中心的地方,新加坡政府也致力于成为全球 FinTech 中心。通过将2017年的报告和2016年的报告进行对比,对全球前30名的 FinTech 中心进行了排名,发现上海的名次出现了大幅下降,从2016年的第11位下降到2017年的第25位(见表6-1)。

表 6-1 全球 FinTech 中心 Top 30

城市	2016年排名	2017年排名	城市	2016年排名	2017年排名
伦敦	1	1	哥本哈根	—	16
新加坡	2	2	爱丁堡	—	17
纽约	3	3	巴黎	14	18
硅谷	4	4	奥斯陆	—	19
芝加哥	—	5	卢森堡	15	20
香港	5	6	阿布扎比	—	21
苏黎世	7	7	吉隆坡	—	22
悉尼	9	8	华沙	—	23
法兰克福	8	9	特拉维夫	16	24
多伦多	10	10	上海	11	25
斯德哥尔摩	—	11	里斯本	—	26
东京	—	12	深圳	—	27
都柏林	12	13	布拉格	—	28
台北	—	14	布鲁塞尔	17	29
阿姆斯特丹	13	15	米兰	—	30

第二节 上海主要的 FinTech 企业

在毕马威发布的《中国领先金融科技公司 50 强》中，上海占 15 席，仅次于北京的 21 席（见表 6-2）。

表 6-2 上海主要 FinTech 企业一览

类别	企业名称	成立年份	注册地	业务描述
区块链技术	分布科技	2016	上海	2017 年发布了新一代分布式信任链网——本体网络，实现分布式的点对点的信任体系，构建跨链、跨系统、跨行业、跨应用、跨终端的分布式信任基础体系

续表

类别	企业名称	成立年份	注册地	业务描述
保险科技	众安保险	2013	上海	挖掘移动互联网、云计算、大数据等新技术，运用于产品设计、自动理赔、市场营销、风险控制、后端理赔服务等全流程，为用户出行、购物、医疗、投资理财等过程中的不同金融需求提供保障
电子支付	简米网络（Ping++）	2014	上海	为零售、电商、O2O、教育、旅游、SaaS服务等众多领域的商户提供从支付接入、交易处理、业务分析到业务运营、大数据营销等方面的定制化支付解决方案
电子支付	快钱	2004	上海	2014年，快钱与万达集团达成战略控股合作，共同打造以实体产业为依托的互联网金融平台。充分整合数据信息，结合各类应用场景，为消费者和企业提供丰富的支付工具和投资理财产品、便捷的融资信贷及丰富的应用，使客户能够随时随地畅享便利、智慧的互联网金融服务
电子支付	汇付天下	2006	上海	专注于互联网借贷信息中介服务业务，帮助个人和企业在互联网上轻松获得贷款，通过点融的平台基础设施，优质的借款人可以获得来自中国各地的投资人的资金支持
电子支付	启赟金融 iPayLinks	2015	上海	致力于为国内外客户提供顾问式跨境支付解决方案，已获得国际卡支付行业PCI-DSSlevel-1安全认证、VISA颁发的QSP牌照和万事达（MasterCard）授予的PF资质及香港海关货币业务牌照（MSO）
综合金融科技	陆金所	2011	上海	平安集团旗下互联网财富管理平台，目前已经发展成拥有保险、网贷、公募基金、私募基金、现金管理类产品等多种固定收益及浮动收益服务的综合性财富管理平台
网络借贷、消费金融	点融	2012	上海	—
大数据与人工智能	冰鉴科技	2015	上海	致力于构建金融风控体系，为客户提供基于模型的实时评分和一站式风控系统解决方案，总部位于上海，在南京、深圳、北京、常州、成都、洛杉矶设有分支机构
大数据与人工智能	风报	2016	上海	基于人工智能的企业情报分析和风险控制系统，在企业尽职调查、风险控制、合规审计、司法调查、行业研究和商机及投资机会筛选等场景已经获得了应用

续表

类别	企业名称	成立年份	注册地	业务描述
大数据与人工智能	聚信立	2013	上海	帮助各大金融机构用户收集、整合、分析在互联网上的信息,提供大数据风险控制一站式解决方案
	数库	2009	上海	专注服务B端金融机构,独有多层精细化产业链分层体系;建立以独有NLP为核心的AI技术平台,应用多种核心AI算法,向金融企业提供多种垂直场景的智能金融解决方案
	斯睿德	2009	上海	拥有央行备案征信资质,专注运用数据挖掘、语义分析、机器学习和计量模型等前沿技术在企业信用数据挖掘、关联、整合,以及企业风险分析、风险评级、风险预警等企业征信领域的应用
	算话征信	2014	上海	专业的零售信贷风险管理服务提供商,提供完整信贷生命周期服务
	通联数据	2013	上海	打造AI时代的金融服务平台,旗下产品涵盖智能投研、量化研究、FOF/MOM管理和智能投顾等领域,通过构建智能投资管理平台,实现"让专业人士的投资更容易,让普通大众的投资更专业"的公司愿景

资料来源：根据毕马威发布的《中国领先金融科技公司50强》补充、整理。

从表6-2中可以看出，上海的金融科技领域发展情况和全国比较一致，网络支付和大数据是金融科技企业最密集的两个领域，而保险科技、开放银行、监管科技等领域则发展不理想。

第三节　上海FinTech发展的优势和短板

一、优势

上海FinTech发展的优势如下：

(1) 正成为新晋世界金融中心,传统金融业务优势明显。作为全国乃至世界的金融中心,上海在传统金融领域的优势明显,金融机构和金融资产数量居全国之首,2017年上海金融市场交易总额约1430万亿元人民币,拥有持牌金融机构1537家,外资金融机构占上海金融机构总数达到1/3,占全国直接融资总额的85%,成为中外金融机构的重要集聚地。金砖国家新开发银行、人民币跨境支付系统CIPS、全球中央清算对手方协会CCP12等一批重要的金融机构也纷纷落户上海。上海积极优化支持金融发展的政策措施,金融业占上海GDP总值的比例已超过17%,成为金融发展环境较为完善的地区。截至2017年末,上海辖内科技型企业科技金融贷款存量数为5235户,较2016年末增长21.66%;贷款余额2071.27亿元,较2016年末增长38.05%,高于同期辖内银行业各项贷款增速25.15个百分点。其中,科技型中小企业贷款存量客户4680户,占比为89.4%;贷款余额为1120.83亿元,较2016年末增长34.23%。预计到2020年末,上海银监局辖内科技型企业贷款余额达到2700亿元左右,科技型贷款企业数达到8000家左右,投贷联动贷款余额达到200亿元左右,累计服务客户数超过1000家。

(2) 高端人才集聚。把上海打造成全球科创中心是一项重要的国家战略,也源源不断地带来了全球高科技人才。根据"中国与全球化智库"发布的《2017中国区域国际人才竞争力报告》,上海的国际人才综合竞争力领先全国。

2016年,上海金融人才指数为103.86,较2015年指数计算基期增长3.86,多数细分行业指数上升,反映金融业人才规模呈持续扩张态势。根据金融人才指数报告,陆家嘴金融人才指数为107.25,较上年增长7.25,涨幅高于上海整体水平,金融城人才集聚效应更为显著。陆家嘴金融城还是海外归国留学人才的集聚地。截至2017年末,上海科技金融从业人员1483人,较2016年末增速为9.53%。

(3)"大众创业、万众创新"势头强劲,为金融科技发展提供了源头活水。2015年3月国务院《关于发展众创空间推进大众创新创业的指导意见》颁布以来,作为促进大众创新创业的新模式之一,众创空间发展迅速。众创空间对创新资源进行的重新组合,是以人才、技术、资本、法规等为自变量的一种生产函数。上海拥有一大批领先全国的众创空间。例如,2015年登陆新三板的苏河汇是第一家在新三板挂牌的众创空间,依托"双创第一股"的先发优势,被上海市科技创业中心授予"2015年度上海市科技创新创业服务先进集体"的称号。苏河汇从众创空间起步,目前已经发展成为新型创业孵化器,截至2018年6月,苏河汇累计投资孵化了包括星优客、丸子地球等在内的150多企业。

众创空间也推动了大型科技公司的技术创新。例如,腾讯开放平台(http://open.qq.com/)是腾讯公司新技术发展的重要策源力,是腾讯公司积极利用众创来提高自身创新能力的重要措施。而腾讯众创空间(上海)作为腾讯开放平台的上海基地,也成功入选国家级众创空间。腾讯众创空间(上海)和其他的众创空间存在诸多不同:大多数的众创空间仅仅作为一个平台,平台的组建者往往是非营利组织,自身并没有创新需求,而腾讯众创空间(上海)很好地将自身的创新需求和众创空间创业者的创新需求相结合,以"大众创业、万众创新"为契机,将自身核心资源开放给创业者,再通过创业者的成长获得腾讯自身的成长,在经历了初创期(开放战略1.0)、发展期(开放战略2.0)之后,目前已经逐渐形成了集创新、创业、投融资服务等功能为一体的众创空间综合体。腾讯官方将最新的发展阶段称为"开放战略3.0",已基本形成具有良好氛围的、可持续发展的双创生态系统。

除了存在一大批企业类型的众创空间,上海的高校众创空间也为双创输送了大量人才。以上海交通大学为例,上海交通大学的双创教育是首批全国四家示范性双创教育基地之一。上海交通大学"零号湾"不同于以往的政府主导模式和高校主导模式，开创了"高校+政府+企业"三方共建的新模式，避免了政府主导模式的"虎头蛇尾"现象和高校主导模式的"力不从心"的弊端，聚集了高校、政府和企业三方的力量，取得了极好的效果。

案例：上海交通大学"零号湾"

成立背景

2015年3月，国务院办公厅发布《关于发展众创空间推进大众创新创业的指导意见》（以下简称《意见》），明确提出要加快构建众创空间，建成一批低成本、便利化、全要素、开放式的众创空间。为贯彻实施此《意见》精神，上海交通大学和上海市政府迅速行动。2015年4月，由上海交通大学、闵行区人民政府和上海地产（集团）有限公司共同发起成立了"上海零号湾创业投资有限公司"（以下简称"零号湾"），共建"零号湾"合作备忘录签约仪式于2015年4月11日在上海交通大学闵行校区隆重举行。

"零号湾"选址于上海市闵行沧源科技园，紧邻上海交通大学和上海紫竹高新区。"零号"的含义是"从零起步"，意思是这里的小微创业公司可用低租金成本甚至零租金成本；"湾"表示地处黄浦江第一湾的意思，南有紫竹国家高新技术产业开发区，东有华东师范大学新校区，在上海交通大学闵行主校区西北面。根据规划，"零号湾"以"改善创业环境，促进大众创业；优化创新环境，促进万众创新"为宗旨，充分发挥智力、科技、人才、信息和平台、资源、资本的集聚优势，培育和孵化科技型创业企业；通过搭建完整的创业服务平台和培育成长生态体系，吸引和凝聚国内外高校在校师生、校友及社会各界人士落户创业；通过多方合作，以全球视野搭建一流创业孵化和科技成果转化平台，助力上海建设成为具有全球影响力的科技创新中心。

合作模式

"零号湾"由上海交通大学、闵行区人民政府和上海地产（集团）有限公司共同发起成立，三方各自发挥自己的优势。上海交通大学发挥创业领域引领作用，吸引国内外高校毕业生创业团队，筹建"创投导师库"与"创业导师团"，推动创新创业体系的建设与完善，凝聚优质创业基金、创业培育机构入驻园区。闵行区政府则主要为进驻企业提供相应的政策扶持，完善周边配套设施建设，系统规划创业集聚区周围园区用地属性。为此，闵行区政府专门为"零号湾"提供500万元人民币的创业苗圃基金。上海地产集团则发挥地产建设及企业运营优势，出资共建运营平台，牵头硬件及配套设施建设，协同进行用地规划与改建，投资相关创业项目，承接集聚区成熟企业。

在管理架构上，专门成立战略咨询委员会，由上海交通大学分管副书记、上海市闵行区分管副区长担任双主任的"零号湾"战略咨询委员会将为"零号湾"的发展提供全方位的智囊支撑。

特色及优势

"零号湾"特色鲜明，优势明显，具体可以用图6-1概括。

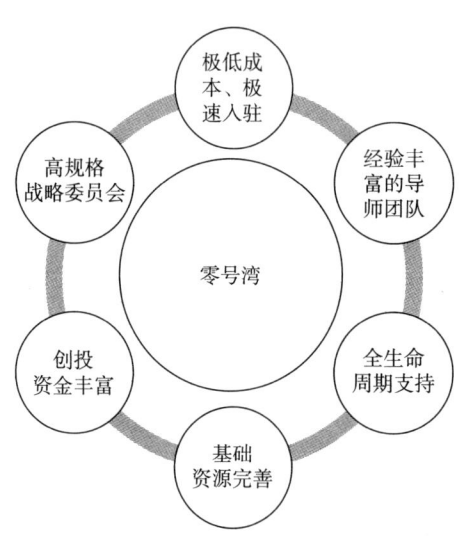

图6-1 上海交通大学"零号湾"

(1) 极低的成本，极速入驻。"零号湾"商务成本低，入驻项目有机会享受零成本创业。入驻流程简单便捷。首先点击官网上"我要入驻"，填写入驻信息；然后社区经理会对项目进行线上初审；通过后需准备十分钟左右的演讲报告参加入驻评审，评审通过后即可入驻。

(2) 创业创投导师团队。上海交通大学创业学院牵头组建创投导师库和创业导师团，凝聚大量优秀的创投导师和创业导师，为入驻园区者提供个性化诊断和指导。"零号湾"刚成立时就凝聚了超过100位创投导师和超过200位创业导师。

(3) 创业全生命周期的培育与支持。借助上海交通大学、闵行区政府、上海地产集团的优势资源共建的创业生态体系，可以快速响应，与大量专业孵化机构协作，为创业企业提供全生命周期的培育与支持。

(4) 基础资源完善。与上海交通大学创新能力和创新人力资源无边界融合，以闵行区工业产业基础，未来加强周边人才公寓、生活设施、商业设施配套。

(5) 创投资金丰富。集聚区内的项目都将纳入上海市大学生科技创业基金支持序列，并对接以伯黎创投基金、觉群基金等为代表的投融资机构。

(6) 高规格的战略咨询委员会。由上海交通大学分管副书记、上海市闵行区分管副区长担任双主任的"零号湾"战略咨询委员会将为"零号湾"的发展提供全方位的智囊支撑。

发展状况及主要经验

2017年11月15日，上海交通大学、闵行区人民政府、上海地产（集团）有限公司共同签署深化"零号湾—全球创新创业集聚区"合作共建备忘录。三方将围绕上海加快建设具有全球影响力的科技创新中心这一战略目标，在"零号湾"前期建设基础上，通过新一轮合作共建备忘录的签署，进一步会聚三方在智力、科技、人才、信息及平台、资源、资本等方面的优势，合作共赢，进一步推动大众创业、万众创新。

2015年4月至2017年10月,"零号湾"已累计孵化创业团队400余支,吸引入驻创业者3000余名,2016年成为国家首批双创示范基地重点建设项目,并获得国家工信部"2016最具活力孵化机构奖"等一系列荣誉。目前,"零号湾"常态下能够集聚约5000位创业者,建立稳定动态调整机制,加快建设创新创业集聚区周边数十平方公里内配套的创业加速器和接力园,加快建设周边配套,形成具有影响力的创业园区,并形成可复制、可推广的模式。

根据"零号湾"合作备忘录,零号湾的目标是打造"孵化器5.0",为此,在服务、人才、资本方面进行了专门的设计。"零号湾"的服务既包含各项与创新创业产业相关的公共服务,也包括创业导师的指导。关于人才,"零号湾"附近高校荟萃、人才济济,同时生活成本廉价,能够为创新创业人才提供良好的生活环境。关于资本,"零号湾"成立了创业引导基金,通过和不同机构合作成立各种专业的子基金,对"零号湾"的项目进行初级阶段的风险投资。

不足之处及解决方案

"零号湾"建设取得了很好的效果,也产生了广泛的影响力,但作为高校众创空间的典型案例,也有不足之处。只有那些有一定的创业基础的创业者才能获得帮助,也就是说"零号湾"只服务于创业者,而不是意向创业者。2016年,项目组曾对上海交通大学闵行校区学生进行随机抽样调查,发现只有较少的同学知道"零号湾"的存在,这并不符合高校建立众创空间的初衷。项目组曾经在和上海交通大学创业学院领导交流时提出了这方面的观点,即"零号湾"没能为那些没有创业意愿的师生提供创业方面的信息,那些当下没有创业意愿的师生也可能是潜在的未来创业者。为此,项目组建议学校应该先教会全体师生"骑马",并对那些爱"骑马"的人(有意创业者)"扶上马、送一程"。也许正是基于此,上海交通大学又在校园内部专门成立了"上海交通大学全球创业创新实验室",为那些只有创业意向,甚至还没有创业意向的同学提供创业知识的学习途径,成为高校创业教育的延伸区。

为了便于开展创业教育,上海交通大学全球创新创业实验室设在校园内部,位于上海交通大学闵行校区逸夫科技楼,紧邻学生活动中心"光标楼",为全体在校学生提供通往"零号湾"的桥梁。为了激发学生创新、创业思维并助力其转化为实际创业项目,培养国际一流的创新创业人才,全球创新创业实验室非常注重形成浓厚的创意、创新、创业氛围,定期举办创业训练营、创业项目路演,经常举办创业沙龙、电梯演讲和各种创业创新文化活动,是创业团队开展活动和交流的最佳场所。同时,为方便校园内部创业团队的发展,全球创新创业实验室还为创业团队提供孵化场地、展示平台、讨论场所、模拟创业、创业诊断咨询等全方位服务(包括7间开放性办公室,以及大厅公共区域近40个办公位),并且向创业团队提供创业导师预约对话交流服务、创业案例资料等资源。创新创业实验室对有意愿创业的师生提供创业辅导等活动,实现创业意愿师生、创业校友、创业导师、天使投资、风险投资等的有效聚集。

在进行创业教育的同时,为了将创业项目落到实处,上海交通大学单独设立了"宣怀班",旨在凝聚具有强烈创业意愿,愿以创业学院为依托进行创业探索与实践的在校生和校友,并进行系统化的创新创业培养。宣怀班不仅是召集一批有创业热情和潜质在校学生的有效载体,也是交大创业学院办学依托和培养创业"种子选手"的有效举措。通过创业课程学习、创业活动实践及与创业大咖的交流,培养具有国际化视野、系统掌握创新创业理论和方法,并具有创业能力的创业者。

上海高校众多,绝大部分高校都成立了众创空间,在全上海的范围内形成了浓厚的创新创业氛围,这为金融科技的发展创造了良好的条件。总的来说，除人才、需求、资金、政策外，还拥有独一无二的长期禀赋。例如，上海是多个国家战略叠加汇聚的复合平台，是产业集群、创新集群、城市集群的聚焦点，是"一带一路"的桥头堡、长江流域和长三角的龙头和核心。

上述这些优势为上海成为全球领先的金融科技中心奠定了坚实的基础。

二、短板

上海 FinTech 发展的短板如下：

（1）金融科技发展定位不清晰。上海市政府对于金融科技发展目前没有明确的定位，而同级别的其他城市对金融科技的定位非常明确。在国际上，伦敦和新加坡明确提出要打造成全球顶级的金融科技中心，发展金融科技也成为英国和新加坡的国家战略。在国内，香港已经明确要成为国际金融科技中心，杭州也对成为国际金融科技中心跃跃欲试。2018 年 3 月在杭州召开的"金融未来"世界金融科技投资（中国—杭州）峰会上，杭州市金融办副主任胡晓翔说："以蚂蚁金服为代表的一批金融科技企业迅速崛起，带动了杭州互联网金融、金融大数据、金融云、区块链、智能投顾等蓬勃发展，助力杭州进入全球金融科技中心的第一梯队。"

金融科技将进一步深化和引领金融领域的发展，上海应当尽早为金融科技发展提出明确的定位和发展策略。

（2）上海缺少必要的金融监管权限。金融科技以信息技术为核心，其业务模式背后是庞大、复杂、相互关联的信息系统，海量的信息流、复杂的信息结构客观上给识别风险造成了难度。以移动互联网、大数据、云计算、人工智能、区块链等技术为支撑的金融科技正深入影响金融服务范式、风险定价机制和风险管控模式。面对高度虚拟化、网络化、分布式的金融科技体系，与之匹配的信息技术、监管能力及技术资源对监管体系提出了新要求。金融科技跨越时空限制在不同领域、不同市场开展多元化的金融业务,混业特征更加明显。去中心化和金融脱媒使更多未接受过严格监管、内控管理水平较低的科技企业进入金融行业,同时,许多交易活动由于脱离中央银行清算体系增加了交易风险敞口。另外,监管手段无法满足风险监测需要。随着金融科技手段的快速发展,金融交易主导方发生变化,传统监管手段已不能满足金融科技带给金融市场的变化,监管者需要快速更新知识结构,提高识别潜在风险的科技手段,增强监管有效性。区块链和大数据等科技手段分布式、去中心化等结构特点,使金融获得了跨界融合、多点互动的机会和能力,在提升金融服务效率和提高金融服务能力的同时,金融的技术门槛进一步提高,单一的金融监管模式已不能满足风险监测和管控的要求。

(3) 上海数据开放与共享度不够。数据孤岛的现象依旧存在,企业、政府、运营商之间的数据尚未实现共享。造成以上现象的原因有以下几点:第一,各主体缺乏数据共享的意识,将数据看作核心资产。第二,法律法规制度不够具体,不清楚哪些数据可以跨部门共享和向公众开放。第三,缺乏具有公信力的公共平台,共享渠道不畅。第四,技术上依旧存在问题,主要体现在:①数据安全与信任问题。数据分散在不同的组织中,而要关联,必然需要将数据给付到对方,或双方将数据给付至一个共同的中间平台,切实保证数据不被泄露,特别是有关自有客户隐私类的数据不被恶意应用,是需要解决的问题。②数据统一问题。单纯从数据关联的技术实现来看,数据统一面临很多难题,如双方字段名称、类型、字段取值区间设置等,如同样是年龄,在不同的企业可能存在不同的分段方式——30~40 岁为一级和 35~45 岁为一级在融合的时候就会有很大困难。③存储与传输问题。不同的数据库架构设计必然带来不同的存储与传输方式,要关联,首先得能适应不同数据源的架构。

（4）上海缺少大型金融科技提供者，对国内外初创企业吸引力不够。上海作为传统的国际金融中心，聚集了一大波金融机构，作为监管者的央行也在上海设立了第二总部，这为上海成为全球领先的金融科技中心奠定了重要基础。相对于北京、深圳、杭州而言，上海存在明显的不足，即在金融科技时代有举足轻重作用的科技巨头 BATJ（百度、阿里巴巴、腾讯、京东）的总部均不在上海，另外，数字化领先的大型金融机构（如平安集团）总部也不在上海，这些状况直接导致上海对于全球有竞争力的 FinTech 初创企业的吸引力不足，这些 FinTech 初创企业可能成为未来金融科技领域中的"独角兽"。其他在金融科技领域具有领先地位的城市如伦敦、纽约、新加坡等都通过举办金融科技年会等形式吸引了一大波新兴 FinTech 初创企业。

（5）金融科技人才欠缺。国际人力招聘公司 Michael Page（中国）日前发布的《2018 年中国金融科技就业报告》展现了中国金融科技的发展潜力与人才市场所面临的挑战。报告显示，92%的受访从业者预测金融科技行业未来前景光明，同时受访者认为高素质人才是推动这一行业持续成功的关键因素。然而，92%的受访金融科技企业发现中国目前正面临严重的金融科技专业人才短缺。

报告调查范围涵盖中国科技最发达的上海、北京和深圳这三座城市，受访对象包括 734 位雇主或从业人员。调查发现，企业雇主在金融科技人才招聘方面正面临挑战。85%的受访雇主表示他们遇到招聘困难，45%的受访雇主表示他们面临的最大招聘困难是难以找到符合特定职位需求的人才。要长期留用金融科技专业人才也并非易事，47%的受访从业人员表示，他们在过去 12 月内有跳槽经历。

在吸引人才方面，上海市政府给出的政策不如深圳等地优惠，一些企业从节约成本的角度出发更愿意将研发团队放至其他地区，从而人才在短期内难以聚集。

第六章　上海建设全球 FinTech 中心的必要性和可行性

第四节　上海建设全球领先的 FinTech 中心的可行性

一、中国已经成为国际公认的 FinTech 中心

从多份国际研究报告中可以看出,中国金融科技领域发展迅速,在全球排名靠前,已经成为国际公认的 FinTech 中心。

2017年2月14日,英国财政部联合安永会计师事务所在上海正式发布报告《中英金融科技:释放的机遇》,该报告全面分析了中英两国科技金融生态圈的属性和所包含的各种因素,认为中国已经属于全球顶级的金融科技市场,在人才、资本、金融科技技术及政府支持等方面具有极大的优势。

美国商务部的报告《2016全球顶级金融科技市场》对全球顶级金融科技市场进行了分析,中国的网络支付领域发展指数排在全球第一,金融科技部门指数位居全球第二(见表6-3)。

表6-3　2017年美国商务部对中国金融科技市场的排名

网络支付领域发展指数排名				
1. China	7. Canada	13. India	19. Sweden	25. Argentina
2. UK	8. South Korea	14. Mexico	20. Indonesia	26. Israel
3. Germany	9. Australia	15. Turkey	21. China Taiwan	27. Austria
4. Japan	10. Spain	16. Switzerland	22. Poland	28. Belgium
5. France	11. Russia	17. Netherlands	23. China Hong Kong	29. Denmark
6. Italy	12. Brazil	18. Saudi Arabia	24. Norway	30. South Africa
金融科技部门指数排名				
1. Japan	7. Netherlands	13. Spain	19. Norway	25. Portuqal

续表

金融科技部门指数排名				
2. China	8. Australia	14. Belgium	20. Singapore	26. Mexico
3. UK	9. South Korea	15. China Taiwan	21. Russia	27. Poland
4. France	10. Switzerland	16. Sweden	22. Austria	28. Israel
5. Germany	11. China Hong Kong	17. Demark	23. Brazil	29. Philippines
6. Canada	12. Italy	18. Ireland	24. Finland	30. Thailand

资料来源：美国商务部的报告《2016 全球顶级金融科技市场》。

二、上海是多种国家战略的承载者

虽然成为全球 FinTech 中心目前还没有成为国家战略，但中央政府已经将发展金融科技上升到前所未有的高度，从已经出台的各项政策上可见一斑。截至 2018 年 5 月，我国已经出台的有关金融科技的主要政策有：

（1）2015 年 1 月，《关于促进云计算创新发展培育信息产业新业态的意见》（国发〔2015〕5 号）。

（2）2015 年 8 月，《促进大数据发展行动纲要》（国发〔2015〕50 号）。

（3）2016 年 11 月，《中华人民共和国网络安全法》，全国人大通过。

（4）2016 年 12 月，《"十三五"国家信息化规划》（国发〔2016〕73 号）。

（5）2017 年 1 月，《大数据产业发展规划（2016—2020）》（工信部规〔2016〕412 号）。

（6）2017 年 7 月，《国务院关于印发新一代人工智能发展规划的通知》（国发〔2017〕35 号）。

（7）2018 年 4 月，《全国人民代表大会常务委员会关于设立上海

第六章 上海建设全球 FinTech 中心的必要性和可行性

金融法院的决定》，全国人大通过。

已经出台的这些政策涉及大数据、云计算、区块链、人工智能等各项金融科技细分领域，将金融科技列为国家战略的时机已基本成熟。如前文所述，上海既是国家级的金融中心，也是国家级的科创中心，优势非常明显，应当力争成为全球领先的 FinTech 中心，这样可以进一步强化上海作为国家战略承载者的重要地位。

三、成为全球 FinTech 中心有助于发挥金融中心和科创中心的协同作用

上海成为全球 FinTech 中心是化解当前经济下行风险的重要突破口，能够从根本上提高经济运行效率，降低运行成本。具体来说，上海成为全球 FinTech 中心有利于国际资本和科技集聚中国，有利于人民币国际化，有利于从根本上提高金融监管水平，引导金融资本脱虚向实。

作为一项重要的国家战略，上海志在打造成为全球的金融中心和科创中心。从目前的发展现状来看，金融中心和科创中心之间的协同作用尚显不足，如同"两张皮"。打造全球金融中心的思路主要是对标几个全球性金融中心，强调完善资本市场建设，形成多层次资本市场等。打造科创中心的主要思路是通过制订各种鼓励性创新计划，进一步完善创新氛围和环境，以激发科技企业创新动力金融中心和科创中心的协同作用，主要体现金融系统为科创系统提供融资便利这一单向模式。

打造全球金融科技中心是对上述协同模式的一项重要升级。金融科技的一项重要功能是通过大数据、区块链、人工智能等技术对传统金融模式进行升级改造，科创中心可以很好地推动金融中心的发展，从而使金融中心和科创中心之间形成双向、多渠道、深层次的协同作用。此外，上海成为全球 FinTech 中心还能够为国内其他城市和地区起到引领和示范作用，在全国范围内掀起一场金融科技革命，带动其他城市和地区发展。

第七章　对上海建设全球 FinTech 中心的政策建议

以大数据、云计算、人工智能、区块链等为代表的高新技术与传统金融业务的深度结合已成大势所趋。新一代金融科技将从根本上改变传统金融业的信息采集模式、风险定价模式、投资决策模式等，大幅提升传统金融的效率，降低金融运行成本。传统金融服务模式将被颠覆，传统的金融企业也受到来自科技企业的重要挑战。传统金融企业应对挑战的方法之一是拥抱新技术，否则就可能在竞争中被淘汰，金融科技公司和传统金融企业正在从竞争逐渐走向融合。

为推动上海成为国际领先的金融科技创新中心，建成功能齐全、运行良好的金融科技生态系统，笔者认为，上海市政府当务之急是做好八个方面的工作：优化顶层设计；助力新兴金融科技公司成长；促进传统金融机构转型发展；鼓励金融科技底层技术研发和培养高端人才；借力监管科技提高监管效率；推行普惠金融；完善金融科技生态系统；推动区域和国际合作。

第一节 优化顶层设计

一、设立金融科技创新处及金融科技创新专家委员会

政府有必要专门成立金融科技创新办公室来负责确定全面、可操作的金融科技发展规划，并监督金融科技相关政策、条例和计划的实施，确保实现金融科技政策目标。专门的金融科技创新办公室有利于协调政府各个管理部门之间的行动，有利于政府更有远见地关注金融科技领域的新动向、新趋势，有利于切实落实本书所提出的各项政策建议。

全球主要金融科技中心都有专门的金融科技办公室。2015年8月，新加坡政府在新加坡金管局下设立金融科技和创新小组（Fintech & Innovation Group，FTIG），并组建支付与技术方案、技术基础建设和技术创新实验室三个办公室来推动《金融领域科技和创新计划》（Financial Sector Technology & Innovation Scheme，FSTI）。2016年，美国货币监理署（Office of Comptroller of Currency）分别在华盛顿、纽约和洛杉矶创建创新办公室，旨在通过创新办公室直接与FinTech、RegTech等金融创新公司对话，了解现阶段金融创新情况，鼓励新技术发展。2016年3月，香港金融管理局专门成立了金融科技促进办公室（Fintech Facilitation Office），旨在推动有关金融科技的研究工作，联合金融科技业界和监管者以促进香港金融科技的稳健发展。

建议在上海金融服务办公室下设金融科技创新处，统筹规划金融科技发展；另外，设立金融科技创新专家委员会，主要由政府部门、学术界和企业界金融科技专家组成，负责监督与金融科技有关的政策、

条例和计划，确保达到金融科技政策目标。

二、针对人工智能、大数据、区块链制定具体的发展路线

大数据、云计算、人工智能、区块链等最新信息技术是金融科技产业所依赖的关键技术，它们将颠覆传统金融业的信息采集模式、风险定价模式、投资决策模式等，大幅提升传统金融的效率，降低金融运行成本。掌握这些底层核心技术是金融科技企业的制胜法宝，也是上海建成国际领先的金融科技创新中心的基石。

上述金融科技技术已经被列为国家战略。中央政府已经制定了一系列相关规划，如国务院《新一代人工智能发展规划》（国发〔2017〕35号）、工业和信息化部《促进新一代人工智能产业发展三年行动计划（2018～2020年）》（工信部科〔2017〕315号）、《工业和信息化部大数据产业发展规划（2016～2020年）》（工信部规〔2016〕412号）等。2018年5月4日，国务院印发了《进一步深化中国（广东）自由贸易试验区改革开放方案》，其中第15条明确指出要大力发展金融科技，在依法合规前提下，加快区块链、大数据技术的研究和运用，标志着发展区块链正式进入国务院文件中。上海应当依据中央相关规划，抓紧制定具体的发展路线。

第二节 助力新兴金融科技公司成长

一、推动创立专业化的金融科技孵化器、加速器

上海科技企业孵化器已经形成比较完备的体系，2018年是上海科技企业孵化器30周年，上海在培育优秀企业、推动产业发展、打造城

市核心竞争力等方面取得了巨大的成就，但仍缺乏专门针对金融科技的大型孵化器和加速器（上海已有企业组建的金融科技孵化器，但这远远不够。2016年10月，由现金巴士投资设立的国内首家金融科技孵化器JadeValue落地上海陆家嘴金融城。JadeValue专注于区块链、智能投顾、信用诊断、房地产大数据和人工智能等前沿金融科技）。

国内其他城市已经开始行动。2018年4月，由成都金融控股集团打造的交子金融梦工场正式投入运营，交子金融梦工场在中国人民银行成都分行营管部和成都市金融工作局的指导下成立，被称为目前国内规模最大的金融科技创新创业平台，聚焦大数据、云计算、人工智能、区块链等前沿领域。交子金融梦工场是成都市着力构建的融监管协调、产业基金、数据服务、商机拓展、品牌传播、人才智库、政策对接七大特色生态服务于一体的金融科技产业发展生态圈的重要组成部分。

2018年6月14日，平安集团与来自硅谷的金融科技公司SparkLabs Group联合打造的"平安金融＋科技加速器"正式启动，加速器项目获得深圳市福田区人民政府的全力支持，项目旨在通过引进全球优质科技资源，推动现代金融科技产业升级，首批批准了10家全球金融科技企业入驻。

上海可以借鉴传统科技企业孵化器的经验，以更大力度推动创建专业化的金融科技孵化器和加速器，以便为更多金融科技公司和初创企业赋能。

二、打造金融科技公司赋能平台

当前，金融科技对企业的赋能主要在科技巨头和金融巨头之中进行。蚂蚁金服、京东金融都在完善自己的生态圈，以各自的金融科技优势为中小银行及金融科技企业赋能。2017年12月6日，平安集团在深圳市政府指导下发起成立了中小银行互联网金融（深圳）联盟，初始会员规模超过200家中小银行,联盟对会员开放共享Hyperion开放平台、信贷云、资金云等技术平台。2017年3月6日,宜人贷公司发布了科技能力共享平台Yirendai Enabling Platform(YEP),该平台集数据抓取、数据解析、风险控制、反欺诈、精准获客、流量共享于一体,以降低行业获客成本、提升客户体验。

上海要建设全球领先的金融科技中心,政府有必要打造金融科技赋能平台,为数量众多的中小金融企业和中小科技企业赋能。赋能平台通过大数据、云计算、人工智能、区块链等最新信息技术开发出强大的金融数据分析功能、智能反欺诈功能,并进一步提升中小金融科技企业在信用评估、风险控制和精准获客等方面的水平,最终催生出金融科技领域的新技术、新产业、新业态、新模式,形成具备多样化主体的金融科技生态圈。

第三节　鼓励金融科技底层技术研发,培养高端人才

推动金融科技竞赛,加快制定FinTech人才培养与引进计划。举办金融科技大赛是培养和发掘金融科技创新人才的重要方式之一,大赛优胜项目可以直接获得资助,并立即成为新创金融科技企业。国内外多个城市都非常重视举办金融科技大赛。新加坡金融管理局在每年的新加坡金融科技节上专门设立了总金额高达120万新元的金融科技奖(每位获奖者将获得50000~150000新元的奖金),以表彰金融科技领域的金融创新解决方案(涉及大数据、生物识别、区块链、智能合约、虚拟现实、物联网、机器学习、人工智能、应用程序接口APIs、信用评分、预测分析、量子处理和风险分析等金融科技应用场景)。

2017年5月,广州市金融工作局主办了中国金融科技创客大赛。2017年10月,深圳市政府出台《扶持金融业发展若干措施》,在国内首次设立"金融科技专项奖",重点奖励在区块链、数字货币、金融大数据运用等领域的优秀项目,年度奖励额度为600万元。2017年11月7日,由金融科技创新联盟主办、清华大学全球共同发展研究院支持的"首届中国金融科技创新创业大赛"也受到中国人民银行等机构的大力协助。2018年3月,杭州市金融办等承办了"2017年度中国金融科技创客大赛(杭州)总决赛",此次大赛由浙江省金融办、中国银行业协会指导,杭州市人民政府、浙江大学联合主办,为杭州市输送了一批金融科技人才和项目。

建议上海市政府支持并推动举办类似金融科技大赛,吸引全球高端金融科技人才;同时也要加快制定 FinTech 人才培养与吸引计划,构建立体化、多元化的智力支持体系。具体举措包括:要求上海高级金融学院、上海交通大学等重点院校设立专门的金融科技课程,并纳入学位课程;建立金融科技人才实习计划;加大力度引进国内外高端金融科技人才等。

第四节 着力抓好四大领域

着力抓好四大领域:电子支付、网络借贷、网络保险、大数据风控。国内外 FinTech 研究报告均显示,中国在电子支付领域一直领先于欧美,处于绝对优势地位。网络借贷领域由于前期监管缺位积累了很多风险,但总体上发展势头和规模领先于欧美。电子支付和网络借贷是中国的强项,上海市政府应当在完善监管的情况下出台措施支持这两个领域的健康发展,保持优势地位。

第七章 对上海建设全球 FinTech 中心的政策建议

网络保险和大数据风控则是国内需求旺盛的两个重要的金融科技领域，而且一些头部公司如中安在线等金融科技企业也已经进入布局，并且发展势头良好。根据智研咨询网发布的《2017—2023 年中国保险市场专项调研及发展前景预测报告》，传统保险公司基本已全部触网且发展势头良好，非现金支付规模持续增长，占支付系统比例 70% 以上。大数据风控技术利用用户行为数据来实施风险控制，从原来被拒绝的风险客户中找到合格客户，识别出已经通过审核的高风险客户和欺诈客户。

根据 FinTech 领域的国内外发展情况，我们建议，上海应当着力保持电子支付领域优势、加强网络借贷领域监管、推动网络保险领域合规、强化大数据风控技术进步。这四大领域是上海建立全球领先的金融科技中心的重要抓手。

第五节 借力监管科技，提高监管效率

一、探索实施沙盒式监管和穿透式监管

当金融科技的发展使金融产品变得非常复杂，金融服务条款令消费者、机构和监管者都难以理解时，其结果往往是灾难性的。传统的金融业务经过复杂的结构化处理和技术编程之后，可能使原有的风险变得更加隐蔽。因此，政府必须及时更新、升级监管方式和手段，以应对越来越复杂的金融科技新模式。

沙盒监管模式风行全球。2015 年，英国金融行为监理总署针对金融科技新创公司，推出了世界首个"监管沙盒"。"监管沙盒"的作用机制是从事金融创新的机构在确保消费者权益的前提下，可以按照

FCA特定简化的审批程序来提交申请并取得有限授权，在适用范围内测试其创新模式的效果，FCA会对测试过程进行监控，并对情况进行评估，以判定是否给予正式的监管授权。2016年11月，新加坡金融管理局发布了《新加坡金融科技沙盒监管指导方针》。2016年9月6日，香港金融管理局宣布成立金融科技监管沙盒。

沙盒式监管在一定程度上解决了"一管就死，一放就乱"的金融监管困境，既激励了金融科技的创新，又不会使消费者受到损害。沙盒监管制度应当包含指导方针、目标和原则、目标受众、沙盒的评价标准、沙盒的扩展或退出、申请和批准程序等各方面的内容。

沙盒式监管给监管当局提出了重要挑战，需要监管当局投入极大的人力、物力对沙盒中的企业进行监管，因此更适合小型开放的经济体。穿透式监管则要求把资金来源、中间环节与最终投向穿透连接起来，综合全链条信息，执行相应的监管规则，因而更适合大型经济体。相对而言，上海可以同时探索沙盒式监管和穿透式监管。

二、借监管科技之力，强化金融监管

大数据、云计算、人工智能、区块链同样可以被运用到金融监管上，不仅可以使监管具有更高水平的全局优化计算能力，更重要的是可以解决监管者的激励约束问题，避免由于缺乏必要的激励约束机制而导致的监管不力。

英国最早倡导监管科技。2011年6月，英国政府发布《金融监管新方法：改革蓝图》白皮书，改革英国传统的金融监管体制。2017年美国科技巨头IBM公司收购了鹏睿金融集团（Promontory），开发针对金融风险和合规性的各种认知解决方案。IBM公司将原先用于医疗领域的Watson系统应用于监管、风险和合规性领域，Watson系统可以自动检索需合规审查的交易所对应的法律法规要求，结合它从海量的历史案例中学到的业务规则，及时提示交易中可能的不合规之处，为合规审查人员提供决策支持,极大地提高了合规审查的效率和保障审查的完备性。

2017年12月19日,腾讯公司与深圳市金融办签署战略合作协议,双方将联合开发基于深圳地区的金融安全大数据监管平台。同年12月16日,腾讯公司与北京市金融工作局签署战略合作协议,双方将联合开发基于北京地区的金融安全大数据监管平台。政府和金融科技公司通过大数据监管平台实现资源共享,可以对各种金融风险进行识别和监测预警,共同保护金融消费者合法权益,强化金融监管,防控金融风险。上海应当借力监管科技,以增强金融监管能力。

三、探索推动中央监管授权或中央监管机构派驻上海

金融科技的发展使金融监管显得越发重要,金融科技业务的复杂化和金融监管权力缺乏在一定程度上制约了上海金融科技发展。

一方面,我国现行"一委一行两会"的垂直金融监管体系在强化监管、防止出现金融风险方面有一定的作用,但弱化了金融发展的职能;另一方面,在现行金融监管体制下,金融监管与风险处置权责不对等。中央金融监管部门负责对金融机构进行日常监管和市场准入的审批,但风险的处置工作往往由地方政府来承担,这种权责不对等的金融管理方式不利于提前防范及有效化解金融风险,同时增加了风险处置成本和降低了风险处置效率。

金融科技市场是瞬息万变的,中央监管部门与金融科技市场之间的物理距离造成了监管部门不了解市场,市场也不了解监管部门的意图,两者沟通的缺乏大大降低了监管效率,限制了金融科技的发展(这也是大量P2P企业跑路后监管部门才开始介入的原因之一)。

上海应当探索推动中央监管权下放的可能模式,使金融科技企业与监管部门之间的沟通更为顺畅,真正做到"在市场中监管,在监管下发展",为金融科技中心发展提供有力保障。

第六节 推行普惠金融

一、确保所有民众共享金融科技带来的便利

确保所有民众共享金融科技带来的便利是金融科技可持续发展的根基,受到各国政府重视。美国白宫制定的《金融科技框架》白皮书为美国金融科技发展提出了十大原则。其中,第二个原则是"从消费者出发",白皮书认为"金融科技公司必须将消费者置于第一位,它们必须保证产品和服务安全、透明且对用户友好"。白皮书第三个原则是"推动安全的普惠金融和金融健康",白皮书认为"金融科技可能会给金融消费者带来潜在影响,包括对欠缺金融服务的人",因此,"金融科技行业的从业者们应当以开发安全的产品和服务为目标,拓展用户的金融服务获取渠道并提高他们的金融健康"。

2018年3月,英国财政部发布的报告 *Fintech Sector Strategy: Securing the Future of UK FinTech* 提出了英国政府的三年行动计划。报告指出,自2020年起,在英国缺乏数字技能的成年人将得到免费数字化技能培训;除此之外,通过举办全民科技大赛来推动金融包容性事业发展,使那些在传统金融机构得不到服务的人能够以合理的价格获得为其量身定制的金融产品。英国监管沙盒制度的目标之一就是保护金融消费者。

上海在推动金融科技发展的过程中,也应将保护金融消费者放在重要位置,制定专门制度和规章以保障金融消费者的权益。这是金融科技产业可持续发展的重要前提,也是推动金融科技发展的终极目标。

二、运用金融新科技推进跨境结算发展

2015年7月31日,CIPS在上海成立,改变了过去人民币跨境清算过度依赖环球报文交换系统(SWIFT)的状况。截至2018年6月底,CIPS直接参与者数量从上线时的19家增至31家,实际业务覆盖155个国家和地区的2395家法人金融机构。随着反洗钱、反恐及经济发展,跨境结算的压力也在增加,而大数据、云计算、人工智能、区块链金融科技可以在跨境支付上大显身手,显著提高跨境支付效率。

以2015年成立的英国在线支付服务金融科技企业Revolut为例,Revolut总部位于伦敦,早期业务是帮助用户在旅行时随时、方便地通过APP完成资金转账。现在其功能已经扩展到不仅允许用户通过APP进行转账,而且支持传统的电汇交易,综合了英国提供国际汇款转账服务平台TransferWise及德国移动金融公司Number 26的优点。由于通过Revolut公司的APP进行转账是完全免费的,越来越多的消费者放弃了传统银行转账,成为Revolut公司的新客户。像Revolut这样的新金融科技公司已经对传统的国际跨境结算企业形成了有力挑战。

第七节 完善金融科技生态系统

一、推行"开放银行"计划,制定统一的API标准

数据是金融科技生态系统中最为基础、最为重要的资源,但数据在金融机构、科技企业和政府部门之间是割裂的,这种状况严重制约了金融科技的发展。政府有必要推动数据在三者之间的共享,传统的行政命令方式要求金融机构共享其数据的做法违背了企业和金融机构

的激励相容原则，注定要失败。

政府推动数据共享的方式之一是推行"开放银行"计划。开放银行是银行服务用户模式的重大变革，是指银行通过API向用户提供数据服务实现银行与第三方之间数据共享。政府应当鼓励银行开放API接口，API接口给予外部用户在无须访问源码或理解内部工作机制的细节的条件下获取金融机构的相关数据，用技术手段实现了金融数据的共享。

但大型银行的数据和中小银行的数据量是不对等的，因此部分大银行在数据开放方面过于保守。解决这一问题需要制定开放银行的数据共享标准，政府应当在这一领域发挥作用。2015年11月，欧洲议会和欧盟理事会在修正后的付款服务指令（PSD2）中要求欧元区内各国银行必须在2018年1月13日之前将客户数据以API的形式开放给第三方机构。英国CMA于2016年提出了一套银行改革措施，要求大不列颠和北爱尔兰市场份额最大的9家银行建立、采用统一的API标准。其他国家如美国、澳大利亚、新加坡等，也都在积极主动地制定类似规定，以促进银行与第三方之间的有效协作。上海市政府应当尽快制定统一的API标准。

二、智能披露政府数据，确保数据安全

除企业数据外，政府数据也应当被市场主体共享。《上海市政务数据资源共享和开放2017年度工作计划》列出了236项向社会开放重点领域。根据复旦大学数字与移动治理实验室发布的《2017中国地方政府数据开放平台报告》，上海位居"开放数林"指数排名首位，但仍然存在改进的余地。例如，网站开放数据的完整性有待提高，真正完整的、可机读的原始数据比较少，大量数据存在于不同的管辖单位开放的数据集之中，数据碎片化给整合带来巨大难度。

智能披露是指发布可被第三方软件轻松处理的标准化格式的信息，2016年美国财政部《在线网络借贷市场的机遇与挑战》白皮书建议美

国 CFPB 和公平贸易委员会（FTC）将智能披露纳入其消费者披露的标准和指导方针。建议政府采取措施披露数据质量，尽可能和国际接轨，智能披露政府数据。

三、建立金融科技生态指标监测系统

2016 年 7 月，KBW 投资银行、Stifle 金融公司和纳斯达克共同宣布发行 KBW 纳斯达克金融科技指数（KBW Nasdaq Financial Technology Index，KFTX），旨在准确追踪那些在利用高科技发行金融产品和服务方面具有影响力的公司的表现，目前该指数包含了美国市场 49 家代表性科技金融公司。

2017 年 6 月 9 日，深圳市福田区金融发展事务署与深圳证券信息有限公司联合发布香蜜湖金融科技指数，以深交所上市的与金融科技相关的企业为样本，选取满足入围标准的所有股票构成指数样本股，最新一期样本股数量为 56 只，金融科技指数界定产业覆盖分布式技术（包括区块链、云计算）、互联网技术（电子及网络支付）、金融安全及互联网金融（网络借贷等）等领域。

上海的传统金融业在国内处于领先地位，也需要用金融科技手段来武装。上海市政府应当推动金融科技界和学术界建立金融科技生态系统监测指标体系，以便及时掌握上海市金融科技创新的发展状况。

第八节 推动区域和国际合作

一、推动形成沪苏杭 FinTech 创新生态圈

在 2017 年 12 月钱塘江论坛上，杭州宣布将打造"国际金融科技

中心",杭州已经从"上海的后花园"成长为金融科技排头兵。不管上海要不要建设"全球金融科技中心",杭州已经先行了。

2018年3月26日,由杭州市金融办主办的"全球区块链(杭州)高峰论坛"在杭州国际博览中心(G20会馆)举行,杭州市金融办主任王越剑明确表示"杭州正在打造全球金融科技中心"。浙江省人民政府还联合中国国家互联网信息办公室在浙江乌镇举办每年一度的"世界互联网大会"。Money20/20全球金融科技创新大会中国会址也将永久落户杭州萧山。最近国内学者高尚全、巴曙松、宋敏等为杭州市政府提供了一份研究报告《关于杭州打造"全球金融科技中心"的建议》。

2018年6月5日,杭州市副市长姚峰在接受《财经天下周刊》记者采访时表示,杭州打造全球金融科技中心和上海打造国际金融中心的目标并不冲突。上海的计划,浙江省会全力提供支持。两者之间是协同合作的关系,并不存在竞争。他同时表示,杭州建设全球金融科技中心,有规划、有目标,也在脚踏实地做。

目前,建设"沪苏杭FinTech创新生态圈"时机已经成熟,金融环境、市场基础和科技巨头都已经具备,上海应该积极推动形成沪苏杭FinTech创新生态圈。

二、举办"世界金融科技大会",搭建国际合作"金融科技桥"

根据《连接全球FinTech:2017年临时中心评估报告》,上海位列2017年度全球金融科技中心排名第24,上海应该积极向排名靠前的城市学习,同伦敦、新加坡、纽约、东京等城市合作建立"金融科技桥"。

世界主要金融科技中心都以政府名义定期举办金融科技大会。2018年3月22日,伦敦举办了第二届国际金融科技大会(International Fintech Conference 2018)。新加坡金融管理局已经在2016年、2017年连续举办了两届新加坡金融科技节，第三届新加坡金融科技节于2018年11月12～16日举行。2017年的第二届新加坡金融科技节吸引了超过100个国家的25000名与会者。一年一度的金融科技节是新加坡成为世界金融科技中心的重要标志和推动力。2018年9月2日，北京举办"第三届全球金融科技（北京）峰会"，会议由中国金融四十人论坛和金融城主办、北京市金融局协办。

举办世界金融科技大会是金融科技公司、金融机构和政府当局保持持续合作的重要方式，政府当局也可以在问题出现之前，直接了解行业新模式、新动向，并降低监管不确定性。目前，上海仍缺乏权威性的（如由市政府主办的）高端、全球性金融科技会议。

参考文献

[1] 艾瑞咨询. 中国互联网消费金融行业报告 2017 [EB/OL]. http://www.iresearch.com.cn.

[2] 安永研究报告. 中英金融科技——释放的机遇 2016 [EB/OL]. http://www.ey.com.

[3] 白宫报告. A Framework for FinTech_ FINAL 2017 [EB/OL]. https://obamawhitehouse.archives.gov/.

[4] 毕马威报告. Fintech-100 Leading Global 2017 [EB/OL]. http://www.h2.vc/reports.

[5] 毕马威报告. 2017 China Leading Fintech 50 [EB/OL]. http://www.kpmg.com/cn.

[6] 德勤公司研究报告. Connecting Global FinTech: Interim Hub Review 2017 [EB/OL]. http://www.deloitte.co.uk.

[7] HM Treasury. Fintech Sector Strategy: Securing the Future of UK Fintech [EB/OL]. http://www.gov.uk/government/publications.

[8] 李淼. 区块链模式下金融业创新与监管研究 [J]. 华北金融, 2017 (9): 54-57.

[9] 李扬, 孙国峰. 中国金融科技报告 [M]. 北京: 社会科学文献出版社, 2017.

[10] 廖岷. 全球金融科技监管的现状与未来走向 [J]. 新金融, 2016（10）：11 – 16.

[11] 麦肯锡. 保险2030：人工智能将如何改写保险业 [EB/OL]. http：//www.mckinsey.com.

[12] 美国商务部报告. 2016 Top Markets Report Financial Technology [EB/OL]. http：//www.trade.gov/industry.

[13] 普华永道研究报告. Global FinTech Survey China Summary 2017 [EB/OL]. http：//www.pwccn.com.

[14] 普华永道研究报告. 2018 China FinTech Survey [EB/OL]. http：//www.pwccn.com.

[15] 清华大学五道口金融学院. 2017年中国保险科技行业融资报告 [EB/OL]. http：//www.pbcsf.tsinghua.edu.cn.

[16] 清华大学金融科技研究院. 2018全球保险科技报告 [EB/OL]. http：//www.pbcsf.tsinghua.edu.cn.

[17] 易宝研究院. 2018年消费金融行业发展研究报告 [EB/OL]. http：//www.yeepay.com.

[18] 朱太辉. 我国FinTech发展演进的综合分析框架 [J]. 金融监管研究，2018（5）：55 – 67.

[19] 中国互联网络信息中心. 第42次中国互联网络发展状况统计报告 [EB/OL]. http：//www.cnnic.cn.

[20] 中国信息通信研究院. 中国金融科技前沿技术发展趋势及应用场景研究 [EB/OL]. http：//www.caict.ac.cn.